KB206585

염불은 움직임 가운데서 하면서
자기의 일과 조화할 수 있어야 한다.
일하면서 염불하여 온 마음이
고요해질 수 있어야 하며,
한 구(句)의 불호를 명료하게 들으면
잡념이 없이 청정해져서
"자성이 염하여 자성이 들으며[自性念來自性聽]",
염불하여 일심불란(一心不亂)에 이르게 된다.
–광흠 노스님

염불삼매(念佛三昧)

광흠(廣欽) 노스님 법어

각산 정원규 번역

광흠 큰스님 진영

1986년 2월13일 95세의 세수로 왕생하던 날 승천선사 하늘에 나타난 서상.

1986년 2월 13일 큰스님 왕생하신 날 3일 전에 하늘에 나타난 연꽃.

광흠 큰스님 왕생 후 다비식 때 나타난 광명.

광흠 큰스님과 출재가 제자들.

1958년 타이베이 근처에 건립된 승천선사(承天禪寺) 전경.

서문

한매(寒梅) - 광공(廣公)1) 고행(苦行)의 기록

시간은 덧없이 흘러 마치 영화의 화면이 순식간에 바뀌는 것과 같이, 머리를 깎은 지 이미 10년이 지나갔다.

처음 출가했을 때를 기억하건대, 세속의 신심(身心) 세계로부터 몸의 출가에 이르러 스님의 모습을 나타냈으며, 그 가운데 내심의 세계, 세속 습기의 기복(起伏), 항거(抗拒)는 마치 하늘과 인간의 교전과 같으며, 그것을 조복한 공은 오직 법에 있다.

상인(上人)은 제자를 성취시키기 위하여 사람을 긴박하게 몰아가는 교육방식을 채택하였다.(상인2)은 광공 노스님과의 깊고 두터운 인연으로 인하여 제자를 조복하고 교육하는 방법 또한 상당히 비슷하였다. 법어를 선택하고 기록할 때 이 책의 내용 가운데서 보다시피, 광공은 제자를 도와 아상(我相)을 제거하기 위하여 "쓰고 매운

---

1) 광흠 노스님을 높여서 부르는 말이다.
2) 어느 스님을 지칭하는지 명확하지 않으나, 고뇌승의 스승을 가리키는 것 같다.

수단"을 사용할 때 놀랍게도 자신도 모르게 회심의 미소를 지었다. 왜냐하면 그 당시 자신의 그림자를 보는 것과 같았기 때문이다.)

선근이 천박하고 업장이 깊은 고뇌승(苦惱僧)[3]으로 하여금 괴롭고 답답한 마음을 오직 『영봉종론(靈峰宗論)』[4]과 모흠강당(慕欽講堂)에서 출판한 포켓형 책 『광흠 노화상 개시 법어록(廣欽老和尙開示法語錄)』의 법비로 가피를 입어 마치 오랜 가뭄 끝에 내리는 감로의 비와 같은 시원한 해갈을 얻게 되었다. 당시 몸에 항상 같이 지니고 다닌 포켓형 책은 지금에 이르러서도 여전히 나의 몸 곁에 있으나, 책갈피가 떨어져서 다시 풀로 붙였으며, 아울러 새롭게 책의 옷을 입혔다.

유상(有相)의 신구(新舊: 새것과 헌것)의 생멸은 오는 것이 있으며 가는 것이 있다. 그러나 무상(無相)의 지혜는 아무리 오래되어도 변함이 없으며, 여여부동(如如不動)하다. 유상(有相)의 매 한 글자는 사람마다 모두 보고 이해할 수 있다고 말하지만, 그러나 무상(無相)의 지혜는 몸소 실천과 수행을 통

---

3) 이 책을 편집한 스님은 자신을 고뇌승이라고 부른다.
4) 중국 명나라 시기의 스님으로서 정토종 제9조인 우익(藕益)대사가 지은 책을 가리킨다.

해야 하며, 마치 사람이 물을 마셔서 차갑고 따뜻함을 스스로 아는 것과 같아서 말할 수 없고, 말할 수 없다.

요즘 매일 광공 노스님 어록 몇 가지를 읽는 것으로 자기 수행의 귀감(龜鑑)으로 삼는다. 어느 날 하루 사족(蛇足)을 그리려는 마음이 일어났다. 즉 유상(有相)의 문자로써 다시 광공의 무상(無相)의 지혜에 배열순서와 구조를 바꾸려고 생각하였으며, 원본의 순서와 차례, 혹은 단원의 간단함을 타파하려고 광공 노스님 불생불멸의 법신(法身)에 다시 도금을 입히려고 생각한 것이다.

그래서 『광공 상인 사적 초편(廣公上人事蹟初編)』, 『광흠 노화상 개시 법어록(廣欽老和尙開示法語錄)』과 승천선사(承天禪寺)에서 지난해 8월 최신 출판한 『개시록(開示錄)』에서 선택하여 수록하였으며, 아울러 다시 과목(科目)에 맞추고 개인의 망상에 근거하여 그 정미한 요지(要旨)를 취하여 자기 수행의 초본(抄本)을 만들게 되었다. 본래 정리한 후 단지 몇 부를 영인(影印)하여 도반들에게 증정하려고 생각하였다. (왜냐하면 절 밖에서는 이미 여러 판본이 유통되고 있었으며, 아울러 승천선사에서 작년에 인쇄한 것은 CD와 배합되어 지극히 잘 만들었기 때문이다.)

그러나 배열순서와 구조에 대하여 도반들 간에 모두 지지와 격려를 얻었으며, 이에 따라 같은 이치로 마음에서 '아마도 의기가 투합하고 뜻이 같으며, 동일한 망상을 하는, 함께 할 사람이 있지 않을까'라는 하나의 생각이 일어났으며, 그리고 출판하여 유통하게 되었다. 첫째는 다시 광공의 법신을 장엄하여 법은(法恩)에 보답하고, 둘째는 실질상에서 도반들의 요구를 만족시킴으로써 무상의 반야(般若) 지혜를 일상의 수행 중에서 입수처(入手處)5)와 명확한 곳으로 향하게 하는 것이다.

마지막으로 많은 도반들이 힘들게 판을 배열하고 교정하면서 함께 발심하여 이 하나의 망상을 완성한 것에 대하여 매우 감사드린다. 판의 배열이 일단락되었을 때 도반 한 분이 지심으로 감사하다고 말하였다. "왜냐하면 광공의 책을 배열하면서 자신이 도(道)와 너무 멀리 떨어져 있다는 것을 알았기 때문에 다시 공부해야 하겠습니다."

번뇌장을 비록 눈으로 볼 수 없을지라도, 그러나 한 번 생각을 돌리면 참괴(慚愧)의 마음이 일어나며, 회광반조(廻光返照)를 이해하면 도가 어찌 떨어

---

5) 어디로부터 시작하여 수행해야 하는지, 그 후에는 어떤 방향으로 수행해야 하는지의 방향을 가리킨다.

지고 합함이 있겠는가? (중용(中庸)에 이르기를 "도라는
것은 잠시라도 떨어질 수 없다. 떨어질 수 있으면 도가 아
니다."라고 하였다.) 도가 어찌 사람과 멀리 떨어져
있겠는가? 하(荷) 도반의 가르침에 다시 한번 감사
드린다. 수다스럽게 말하여 서문을 요구하는 도반
의 책임을 막으려고 한다.

불기 2548년 민국 93년 갑신(甲申) 정월(正月)
밥만 축내는 고뇌승(苦惱僧)
삼가 항축덕재(恒畜德齋)에서 서문을 쓰다

차 례

제1장 중생에 대한 인식

1. 사람은 왜 윤회하는가? 오욕칠정(五慾七情)이 너무 중하여 오욕칠정에 미혹되기 때문이며, 하루 종일 재물, 색욕, 명예, 음식, 수면의 번뇌를 위하기 때문에 악업도 이렇게 짓게 되는 것이다.

2. 인생에는 8가지의 고통이 있다. 즉 태어나고, 늙고, 병들며, 죽는 고통이 있으며, 사랑하는 사람과 헤어지는 고통, 원수와 만나는 고통, 구하여도 얻지 못하는 고통, 오온(五蘊)이 치성하는 고통이 있다. 그리고 탐하고, 성내고, 어리석은 삼독이 핍박한다. 일반인은 매일 이러한 무명번뇌의 업에 구르고 구르면서 고통이 그치지 않는다. 만약 불법으로 대치하여 수행상에서 공부를 하지 않으면, 해탈할 길이 없다.

3. 인과로 말하자면, 많은 생의 시간에서 일찍이 돼지나 개가 된 적이 있으며, 금생에 이르러 비로소 인간으로 변한 것으로서 이것은 얻기 어려운 것이다. 사생(四生: 태생, 난생, 습생, 화생)

중에서 다른 동물은 깊고 무거운 탐진치에 가려
져 수행하기가 매우 어려우나, 오직 사람만이 이
성적인 지혜가 있어 욕념을 극복하여 수행할 수
있다. 이것이 다른 동물이 불법을 수행하는데 있
어서 인간과 비교할 수 없는 점이다. 하지만 생
각의 진화와 물질문명의 진보로 인하여 인류의
욕념이 증가하였다. 탐욕이 중할수록 불법을 배
우려는 신념은 감소하여 고통의 바다를 벗어날
수 없는데, 이것이 매우 슬픈 일이다.

4. 인류의 탐욕이 갈수록 중해지고, 다른 동물의
탐욕활동은 시간성이 있는데, 인류는 그렇지 않
아서 시시각각 언제나 탐한다. 그래서 많은 살
상, 강도를 불러와서 사회를 불안하게 한다. 따
라서 인간은 탐욕을 줄이고 열심히 불법을 닦고
배워서 사회를 안전하게 하고, 각 개인은 육도윤
회에서 벗어나야 할 것이다.

5. 우리는 평소 어떤 일에 집착하는데, 그러나
집착할 때는 자기도 모르며, 어떤 상황이 정해지
게 되면 업식이 현전한다. 당신은 그것을 제거하
려고 생각하지만, 그것은 스스로 당신에게 달려
온 것으로서 이것을 업장(業障)이라고 한다. 우리
각자가 무시 이래로 지은 업은 무량하고 무변하

며, 만약 수행에 의지하여 업장을 소멸하지 않으면, 임종시에 이르러 이러한 업식들이 현전한다. 그대가 무슨 일을 집착하고 무슨 물건을 탐하는지를 보고, 그때에 이러한 경계가 나타날 것이다. 만약 선정력이 없고 정념(正念)이 없으면, 그대는 이러한 허망한 업식을 따라가서 생사에 윤회할 것이다. 사바세계에서 하나의 풀을 탐해도 그대는 다시 와서 윤회해야 하는데, 이 하나의 풀이 바로 한 생각이며, 한 생각이 바로 한 번의 생사이다.

따라서 심념(心念)이 도는 것은 무량무변하여 만약 바른 생각으로 회광반조하지 않으면, 그러한 업을 따라 돌고 돌 것이며, 우리 자신은 도는 것을 모른다. 겉으로 보기에는 장엄하게 수행정진하는 것 같아도, 사실 대부분은 망상을 짓고 있다.

어떠한 경계를 만나든지 간에
지금 당장 첫 번째의 생각이
바로 염불하면서 다른 생각이
일어나지 않아야 한다.
그러면 우리의 팔식八識의 밭
가운데 비로소 모두 염불의 종자가 된다.
따라서 평상시에 염불공부를 수지하는 것은
바로 일체의 음성을 듣고
모두 염불의 음성으로 돌려야 한다.
새소리 · 차소리 · 사람소리 등이
모두 부처를 염하고,
법을 염하고, 승가를 염하는 것이며,
또한 일체의 음성과
일체의 현상을 거두어들여
염불하는 소리 가운데로 들어가야 하며,
경계에 움직이지 않아야 한다.
– 광흠 큰스님 법어

제2장 생사(生死)

1. 우리의 태어남[生]은 업의 느낌으로 태어나며, 도리어 왕왕 더욱 많은 업을 가지고 간다. 만약 불문에 들어와 청정한 업을 닦을 줄 모르면, 망망한 홍진세상(紅塵: 생사의 세계) 가운데서 소리와 색 등을 위하여 부림을 당하거나, 물질 등 욕락에 속박되어 탐진치의 업을 더욱 많이 짓게 되며, 목숨을 마친 후 더욱 깊이 (삼악도로) 떨어진다.

2. 우리가 이 인간의 몸을 얻은 것은 수행하기 위하여 온 것이며, 인간몸의 겁을 지내려고 온 것으로서 이 인간의 몸을 빌려 생사를 마치고 부처를 이루고 조사가 될 수 있는지를 본다. 이 인간의 몸을 의지하여 다시 탐진치의 업을 짓지 말아야 한다.

맛있는 것 먹기를 탐하고, 아름다운 옷 입기를 탐하며, 복 누리기를 탐한다. 자식과 손자의 복을 탐하며 육근(六根)과 육진(六塵) 가운데서 꿈을 꾸면서 머리를 돌려 수행하는 것을 알지 못

한다. 그리하면 이번의 인간몸을 지나치면 4생
(대생, 난생, 습생, 화생) 가운데 곧 우리의 몫이
생기게 된다.

축생세계 가운데 소, 말, 돼지, 개 등은 우리
인간이 가서 되는 것이며, 아귀세계도 우리가 가
서 몸을 받는 것이며, 내지 지옥세계, 화생의 무
리, 습생의 무리 등도 모두 우리 이 마음이 조성
한 것이다. 열 가지 법계 가운데 모든 것은 우리
이 인간의 몸으로 저지른 갖가지의 업으로 인하
여 형성된 것이다. 따라서 우리는 인간 몸의 겁
을 지낸다고 말하는 것이다.

이 인간의 몸은 수행하여 부처를 이루고 조사
가 될 수 있으며, 또한 사생의 윤회에 떨어지는
업을 지을 수 있다. 우리는 지금 출가하였으므로
마땅히 불법에 의지하여 하나의 수행의 길을 찾
아야 할 것이며, 이 길로 인하여 생사윤회를 벗
어나고 사바세계의 고통을 벗어날 수 있을지를
보아야 한다.

3. 우리의 이 임시의 육체는 병의 고통을 피하
기 어려우며, 하지만 이것은 작은 병에 속하고,
탐진치의 망상이 있는 것이 비로소 큰 병이다.
망상이 있으면 우리는 여전히 계속해서 윤회해
야 하며, 생사를 마칠 수 없다. 임종 시의 정념

을 유지하기 위하여 우리는 평상시 "아미타불"의 약을 많이 복용해야 할 것이며, 그렇지 않으면 죽어서 어디로 갈 것인가?

4. 만약 정의 집착을 끊지 않고 입으로만 염불하면, 생각생각에 여전히 사바세계에 떨어진다. 만약 간절하고 지성스럽게 염불하며 모든 인연을 놓아버리면, 한 생각 사이에 곧 서방극락세계에 이를 수 있다. 온갖 인연에 얽혀서 끊고 버리지 못하면, 백년 만년 동안 염불해도 여전히 삼계의 안에 있게 된다.

5. 한 가지를 탐하면, 곧 많은 것이 따라 나오게 된다.

6. 하나를 탐하면 하나가 많아지며, 하나의 생각을 줄이면 하나의 업이 줄어들고 하나의 해탈이 늘어난다. 출가인이 만약 불법의 이치에 따라 행하거나 수지하지 않으면, 열 사람이면 열 사람이 다 잘못 가게 된다.

7. 단지 하나를 탐하면 곧 다시 와서 윤회해야 한다. 승천사를 이렇게 좋게 지어놓아도 나는 어떠한 것 하나라도 집착하지 않는다. 그렇지 않으

면 다시 와서 윤회해야 한다.

8. "세간의 한 포기 풀을 탐애하면, 곧 다시 와서 윤회해야 하네." 한 포기의 풀은 사바세계의 하나의 사물을 대표하며, 사바세계의 사물을 탐착하면 곧 다시 사바세계에 와서 윤회해야 한다. 한 포기의 풀도 한 염두(생각)를 나타내는데, 단지 (무엇을 집착하는) 염두가 있으면 삼계를 벗어날 수 없다. 따라서 설령 탐착하는 사물과 움직이는 염두가 단지 한 포기의 풀과 같이 가볍고 미천한 것이라도, 모두 우리로 하여금 다시 윤회하게 한다.

제3장 집착

1. 수행은 집착하면 안 되며, 집착하면 곧 번뇌가 생한다.

2. 자기의 자유의식을 따라 생활하는 그런 사람들은 왕왕 실패할 수 있으며, 도리어 그렇게 할 줄 모르는 체하는 사람도 실패할 것이다.

3. 만약 번뇌를 내지 않으려거든 모든 일에서 대중이나 다른 사람의 의견을 따라야 할 것이며, 억지로 자기의 생각에 맞추려해서는 안 될 것이다. 단지 자기의 일만 있으면 자기의 뜻에 따라해도 될 것이다. 이것이 인욕의 방법이다.

4. 무릇 일에 있어 집착하면 안 된다. 어느 때 어떤 일에 봉착하게 되었으면 언제나 그것이 비교적 원만하고 이상적으로 처리해야 할 것이나, 줄곧 그 일을 마음속에 담아두고 추구하고 계속 추구하면, 이것이 바로 집착이다.

5. 좋고 나쁨을 집착해서는 안 된다. 만약 나쁜 것을 집착하면, 영원히 멈춰 머무르게 되어 진보할 수 없을 것이다. 예를 들어 자기가 잘못된 일을 하여 마음속이 힘들고 즐겁지 못하며 줄곧 이 일을 집착하게 되면, 편안한 마음으로 도를 닦을 수 없을 것이다. 모든 것은 환화(幻化)로서 진실하지 않은 것이며, 지나가면 그만이다. 만약 집착하면 곧 번뇌가 생긴다.

6. 집착하지 말고 모든 것은 인연을 따라야 한다. 만약 스승이나 어른이 일을 하는데 그대를 도와준다면, 그대가 부담스럽고 복보를 감한다고 느낀다면, 이것이 바로 집착으로서 즉 복을 다른 사람이 가져갈 것을 겁내는 것이다. 만약 남들에게 복의 과보를 얻게 한다면, 자기의 몸에도 복이 있게 되어 비로소 다른 사람에게 복을 얻게 할 수 있을 것이다.

제4장 아만

1. 더욱 능력이 있거나, 더욱 재주가 많은 사람일수록 더욱 자기를 낮추고 겸허해야 하며, 대자비로 사람을 대하고 일을 처리해야 비로소 실패하지 않을 것이다.

2. 무릇 일에 있어 집착하면 안 된다. 어느 때 어떤 일에 봉착하게 되었으면 언제나 그것이 비교적 원만하고 이상적으로 처리해야 할 것이나, 줄곧 그 일을 마음속에 담아두고 추구하고 계속 추구하면, 이것이 바로 집착이다.

3. 좋고 나쁨을 집착해서는 안 된다. 만약 나쁜 것을 집착하면, 영원히 멈춰 머무르게 되어 진보할 수 없을 것이다. 예를 들어 자기가 잘못된 일을 하여 마음속이 힘들고 즐겁지 못하며 줄곧 이 일을 집착하게 되면, 편안한 마음으로 도를 닦을 수 없을 것이다. 모든 것은 환화(幻化)로서 진실하지 않은 것이며, 지나가면 그만이다. 만약 집착하면 곧 번뇌가 생긴다.

4. 일마다 능력을 발휘하고 모든 일에 위를 차지하려는 사람은 최후에는 모두 실패할 것이다. 자기가 대단하다거나 남보다 뛰어나다고 생각하여 다른 사람의 말을 받아들이지 않으면, 이 일생에서 다시는 진보할 수 없을 것이다. 지식이 많은 사람은 언제나 생각을 바꾸지 못하고, 자기의 생각에 속박되어 아만심을 일으킨다.

5. 어떤 젊은 스님이 노스님을 참방하러 와서 노스님이 말하였다. "어떤 사람은 빗자루를 들 때 이것은 내가 할 필요가 없으며, 내가 할 일이 아니라고 생각한다."

이 스님이 말하였다. "제가 바로 그렇습니다."

노스님이 말하였다. "이것은 '스님의 역할'을 맡은 체하는 것으로서 복이 없다. 삼보의 문중에서 일을 할 수 있으면 이것도 복이며, 복을 닦아야 한다. 젊은 사람이 그러면 진보할 수 없으며 자기를 높이는 마음이다.

어떤 사람은 자기가 대학생같이 대단하다고 생각하는데, 대학은 대학이지만 박사가 되려고 하면, 또한 다시 한 막의 연극, 즉 그릇을 씻고 신발을 닦는 등의 미천한 일을 해야 하며, 내가 박사라고 말하는 것이 그렇게 간단하지 않다.

불교를 배우는 것도 이와 같으며, 대보살은 인

지(因地)에서 수행할 때, 대부분 모두 밥하고 그릇 씻는 등의 거친 노동을 하며, 더욱 어리석어 남에게 천대받을수록 더욱 진보할 수 있다. 이래야 비로소 수행이며, 그렇지 않으면 내가 수행하고 있다고 말하지만, 어디에서 행(行)이 나오며, 어디에 도행이 있는가?"

6. 사람이 만약 우리에게 경전의 뜻을 물으면, 마땅히 자기의 아는 것을 다 성심을 다하여 그를 위하여 해설해 주어야 할 것이며, 그러면 남과 자기에게 많은 공덕이 생길 것이다. 절대로 경시하는 마음으로 핑계를 대어 모른다고 말해서는 안 되며, 그러면 자기에게 허물이 있게 된다.

제5장 습기

1. 단지 다른 사람의 과실(過失)만 보고 자기의 과실을 살피지 않는 것이 우리의 가장 큰 무명이자 습기(習氣)이다.

2. 어떤 한 사람이 나쁘지 않으면, 습기가 있다. 사람마다 모두 습기를 가지고 있는데, 단지 깊고 얕은 것이 다를 뿐이다. 단지 도를 향하는 마음을 가지고 있으면, 용서할 수 있다면 그를 용서하고, 그를 나쁜 사람으로 보지 말아야 한다.

3. 다른 사람이 행하지 못하고, 하지 못하는 것을 우리는 반드시 행하고, 할 수 있어야 한다. 그렇지 않고 다른 사람을 비평하면, 자기가 어찌 다른 사람과 같은 사람이 아니겠는가?

4. 향등(香燈) 소임을 맡은 모모스님이 마침 어떤 일 때문에 집사인과 크게 다투게 되었다. 노스님은 객실에서 그것을 보시고 곧 모모스님에게 말하였다. "속가의 사람은 선인과 악인을 분

별하여 좋아하고 미워하는 마음을 일으키지만, 출가인은 선인을 대하면서도 이와 같고, 악인을 대하면서도 이와 같이 일률적으로 평등하게 자비의 마음을 가져야 한다. 좋은 것에도 탐착의 마음을 일으키지 않고, 싫은 것에도 싫어하고 미워하는 마음을 일으키지 않아야 한다. 우리를 자극하는 그러한 것들이 비로소 우리의 진정한 지도자이며, 절에 들어와 자극하는 것이 없으면 곧 수행할 것이 없다."

노스님이 또 말하였다. "미워하고 싫어하는 마음을 일으켜서 저 사람은 악인이라거나 선인이라고 분별하지 않아야 할 것이다. 그러면 우리 자신이 상대방을 받아들일 도행이 부족한 것이고, 남과 잘 지낼 수 있는 수양이 부족한 것이며, 잘못은 자기의 이근(耳根)과 안근(眼根) 등의 분별하는 업식(業識)에 있다. 이것은 곧 우리가 태어날 때부터 가지고 온 습기이며, 우리는 바로 이러한 습기에 장애를 받은 것이다."

5. 우리가 출가하여 계를 받는 것은 우리가 세속사회 가운데서 오염된 습기를 제거하고, 탐하는 생각을 제거하며, 인욕행을 닦는 것이며, 다시는 남은 그르고 나는 옳다는 관념으로 일을 처리하거나 사람을 대하지 않아야 한다. 그것은

일종의 사회의 습기로서 반드시 고치고 없애야 한다. 만약 남들이 말하는 것이 도리가 있으면 우리는 듣고 참고로 삼을 수 있으며, 만약 말하는 것이 도리가 없으면 한쪽으로 제쳐두고 번뇌를 일으키지 않아야 한다. 이것이 바로 일종의 인욕과 지혜다.

그렇지 않고 만약 나는 옳고 남은 그르다는 마음을 일으킨다면, 그것은 바로 승부하고 나를 집착하는 아집(我執)의 마음으로서 무릇 모든 일에 반드시 위쪽을 차지하려고 하면, 곧 무명의 번뇌가 생하며, 이것이 바로 일종의 우치다.

6. 속가에서 우리는 누리는 것이 익숙해지고, 교만하고 방자해지는 것이 습관이 되어 무슨 일이든지 억울함을 참을 수 없으며, 언제나 자기의 뜻을 고집하고 자기만 옳다고 생각하며 구속을 받으려고 하지 않는다.

그러나 지금은 출가하였으므로 속가에서 시작이 없는 이래로 가지고 온 습기의 종자를 부처의 종자로 바꾸어야 한다. 그러나 부처의 종자를 배양하는 것은 결코 간단한 일이 아니며, 우리의 믿음, 발원, 수행의 힘으로써 천천히 허물을 고쳐야 하며, 습기의 종자를 뽑아 제거해서 부처의 종자를 점차 싹이 나고 자라게 해야 할 것이다.

7. 이미 세속을 떠났으므로 모든 것은 출가인의 법문에 따라 육바라밀을 닦아야 한다. 만약 인욕할 수 없고, 승부하는 세속의 습기를 버리지 못한다면, 모든 언어와 일 가운데서 손해를 볼까 걱정되며, 남에게 실속을 빼앗길까 걱정되며, 남과의 의견충돌을 일으키는 것은 여전히 세속의 습기를 벗지 못한 것이다.

8. 과거의 조사(祖師)께서 우리에게 이르시기를, 모든 것을 놓아야 한다고 하셨는데, 마음속 일체의 쓰레기를 버려서 모든 습기와 나쁜 습관에 물들지 않고, 마음이 깨끗하여 한 점의 먼지에도 오염되지 않아야, 우리의 수행에 비로소 도움이 될 것이다.

9. 우리 모두는 일체의 습기를 제거해야 하는데, 탐진치가 진여본성을 덮어 가리기 때문이다. 마음이 깨끗하지 않으면 진여본성도 영원히 드러날 수 없다.

10. 애정과 사랑의 이별 등등 세속의 습기가 있으면, 제거해야 한다. 과거 시작이 없는 이래로 습기가 많기 때문에 광명이 없고 광명이 드러나지 못하였다. 부처의 광명이 드러나지 못하면 습

기가 많고 망상이 많으며, 번뇌도 많아져서 깨달음이 없는 것이다. 하루 종일 술에 취한 듯하며, 마음을 둘 곳이 없고 망망하여 무엇을 하고 있는지를 모르며, 마음을 둘 곳이 없으니 뜻이 전도되어 마음을 안정시킬 수 없는 것이다.

11. 도를 닦는 사람[修道人]이 불교의 이치를 논하지 않고 세속의 일을 논함은 출가인의 본분이 아니다. 가정의 세속일을 가지고 출가에 사용하려고 하면 세속의 습기를 아직 끊지 못한 것이니, 어찌 수도를 논할 수 있겠는가?

12. 어느 날 연세 든 할머니가 화가 나서 노스님에게 가서 고자질하며 말하기를, 자기의 며느리가 많이 나빠 그녀의 말을 잘 듣지 않는다고 하였다. 노스님은 단지 그녀에게 물었다. "당신이 만약 배가 아프면 스스로 아프지 않게 할 방법이 있습니까? 당신이 만약 설사를 한다면, 스스로 설사가 나오지 않게 할 수 있습니까?"

그 할머니가 대답하여 말하기를 "할 수 없습니다."

노스님이 말하였다. "당신 자신도 어떻게 할 수 없는데, 어찌 다른 사람에게 그대의 말을 듣게 할 수 있습니까?"

13. 다른 사람을 이야기하기 전에 먼저 이 마음과 상의해야 한다.

14. 갑(甲)이라는 사람은 가래를 뱉는 습관이 있어서 자주 아무 데나 가래를 뱉었는데, 공교롭게도 의심이 많은 을(乙)이라는 사람을 만나게 되었다. 어느 날 갑은 을 앞에서 가래를 뱉자, 을이라는 사람은 갑이 그를 멸시한다고 의심하여 마침내 두 사람이 다투게 되었다. 병(丙)이라는 사람은 두 사람의 습관을 알고 와서 화해하게 하였다. 그로부터 두 사람은 허물을 고치게 되어 다시는 가래를 뱉지 않고 의심하지 않게 되었다. 사람의 습기를 고치지 않으면 자기에게 귀찮음을 더하게 하고, 의심은 자기에게 이롭지 못하며 스스로에게 도를 장애하니, 우리는 두 사람이 충돌하는 것을 알 때, 마땅히 화해시켜서 다시는 확대되지 않도록 해야 할 것이다. 그렇지 않으면 일은 더욱 커지게 된다.

15. 우리의 무명은 마치 구름과 같아서 어떤 때는 햇빛을 가린다. 무릇 일에 있어서 무명으로부터 닦아야 하며, 무명의 화를 일으키지 않고, 번뇌를 내지 않으며, 남을 질투하지 않아야 할 것이다. 만약 다른 사람을 질투하면, 삼악도 가운

데에 떨어질 것이며, 내생에 다시 사람의 몸을 얻을 수 있을지 모른다. 이른바 사람의 몸은 얻기 어렵고, 불법은 듣기 어려우며, 문명이 발달한 나라[中土]에 나기 어렵다고 하였다.

16. 스승의 법문을 듣고 스스로 회광반조할 것이며, "나는 이렇지 않고 나는 저렇습니다…"라고 반박하지 않아야 한다. 이렇지 않다고? 마음이 만약 움직인다면 그것은 이렇지 않은 것이 아니다. 지금 스님 앞에서는 아무 것도 없는데, 나가면 무엇이든 있게 되어 즉시 다시 바깥 경계에 끄달려 나쁜 종자가 다시 뛰쳐나온다. 스님은 오늘 너희들에게 철저하게 말하려고 한다. 여러분은 수없는 생에서 가지고 온 나쁜 종자가 너무 많아 한 번 주의하지 않으면, 나쁜 생각이 어지럽게 뛰쳐나와서 매우 위험하다. 만약 수행하지 않으면, 돼지의 집, 개의 집이 우리의 몫이 될 것이다.

17. 만약 그대가 마당을 깨끗하게 청소했는데, 스승이나 선배가 억지로 우기면서 깨끗하게 쓸지 않았다고 말한다면, 이때 그대가 만약 변명한다면, 이것이 바로 재가(在家)의 성정이다. 만약 그대가 받아들일 수 있어 "좋습니다, 좋습니다!

다시 깨끗하게 쓸지요."라고 말한다면, 이것이
바로 수행이다.

廣欽老和尚 :

無來無去

無代志

南無阿彌陀佛

제6장 시비심을 일으키다

1. 번뇌가 일어날 때 이것 저것을 말하지 말아야 한다. 말하다 보면 시비를 일으키니, 부처님께 많이 예배하여 번뇌를 푸는 것이 가장 좋다.

2. 두, 세 사람과 사적으로 대화하거나 당을 결성하거나, 배후에서 남들의 시비 등을 논하지 말아야 할 것이다. 그렇지 않으면 모두를 불안하게 하기 쉬우며, 대중들을 시끄럽게 할 수 있다.

3. 절 안의 모모스님이 객실에 와서 여러 사람과 일에 따른 번뇌를 토로하였다. 사람이 간 후 노스님은 곧 모모스님에게 법문하였다. "한 사람이 일에 대하여 좋고 나쁨을, 옳고 그름을 논하지 않아야 하며, 입으로 어지럽게 말하지 않아야 하며, 마음속으로 이해하면 된다. 입으로 쉬지 않고 지껄이면 일이 없어도 일이 있는 것으로 변할 수 있으며, 최후에는 언제나 자기를 해칠 것이다. 일없이 지껄이는 그런 사람들을 절대로 주의해야 하며, 그러면 문제를 일으키기가 가장

쉽다."

4. 어떤 사람은 말을 하여 사람에게 번뇌를 일으켜 사람의 마음을 편안하게 할 수 없으며, 사람으로 하여금 어떻게 하는 것이 좋을지를 모르게 하며, 또한 다른 사람들에게 그의 말을 듣게 한다. 사실 그는 다른 사람의 말을 듣는가? 결과적으로 그는 그곳에서 마음이 번민스럽고 번뇌가 일어나 풀지 못한다.

5. 우리가 다른 사람이 좋지 않다고 말하며, 이것이 옳지 않고 저것도 틀렸다고 말하는데, 이것은 결코 상대방이 좋지 않은 것이 아니라, 우리의 눈이 보고 귀로 들어 좋고 나쁨을 분별하는 것이다. 그러나 이러한 분별은 직접적으로 우리의 마음까지 통하게 되어 우리의 마음에 번뇌를 일으킨다.

　사람의 시비를 말하는 것은 본래 일종의 나쁜 생각이다. 만약 우리가 분별하지 않으면 우리의 마음은 자연히 안정될 것이다. 만약 우리가 옳지 않은 일이나 여법하지 못한 사람을 보아도 마음으로 간파하고 표현하지 않을 수 있으면, 그것이 비로소 참된 공부이다.

6. 남의 시비곡직을 논하며 마음속으로 불평과 번뇌를 일으키는 것은 바로 자기의 잘못이고 자기의 허물이다. 다른 사람의 시비곡직(是非曲直)을 관여하지 않고 일체를 참으면, 저절로 마음이 편안하고 아무 일도 없게 되니, 그것이 옳은 것이다. 자기도 허물을 범하지 않으니, 이것이 수행의 첫 번째 도이며, 또한 최상의 수도(修道) 법이다. 스승이 안 계실 때 일과 경계의 연을 만나면, 스승이 말씀하신 교훈, 즉 "참아라! 마음이 편안해지리!"를 기억하라. 이것이 가장 좋은 한 첩의 약이다.

7. 매일 탐하는 생각을 없애는 것을 훈련하며, 말을 어지럽게 하지 않고, 말을 하려면 불법을 말하고 서방극락세계에 왕생할 것을 구해야 한다. 세속의 종자는 이미 너무 많은, 다시는 세속말의 시비를 말하지 않아야 할 것이다.

8. 만약 한 사람이 수행을 성취하면, 다른 사람들도 그 복의 음덕을 얻을 것이며, 그리고 사람마다 용맹심을 일으켜 그에게 배우려고 할 것이다. 그러므로 기왕 각 사람마다 수행하려고 생각하여 인연이 있어 함께 수행하니, 마땅히 서로 격려해야 할 것이다. 그렇지 않고 시비하고 질투

하며, 어리석은 마음을 일으키면, 여러 사람의 '도심(道心)'을 어지럽게 할뿐 아니라 자기도 안정되게 수행할 수 없을 것이다.

제7장 재가(在家)의 고통

1. 세간에 와서 매 사람마다 모두 생로병사의 고통이 있으며, 우리는 태어남은 어디로부터 와서 죽으면 어디로 가는지를 알아야 한다. 아들, 며느리가 당신에게 잘할수록 당신은 더욱 떠나지 못하며, 세간을 탐하고 연연하여 고해를 벗어날 줄 모르며, 여전히 육도세계 가운데서 윤회하게 된다. 이 모든 것은 업장이 중한 것이며, 업장은 바로 번뇌와 걱정이다. 마치 집안의 남녀노소 등을 걱정하는 것과 같으며, 각자 근심하는 것은 같지 않지만, 모두 자기의 생사길을 망각하며, 심지어 임종 시 어디로 가는지조차도 관심을 두지 않는다.

2. 재가의 사람은 이해하지 못하여 자식이 없는 것을 운명이 박하다고 생각하며, 자손이 가득한 남들보다 못하다고 한탄한다. 하지만 예상치도 않게 그의 원친채주가 적다는 사실은 알지 못한다.

3. 세속인이 부귀를 얻는 것은 과거생에 보시한 공덕으로 온 것으로서 금생에 복을 누리는 것이다. 만약 무상(無常)의 고난과 갖가지 좌절의 자극이 없으면, 곧 깊이 미혹되어 깨달을 줄을 모른다. 만약 다시 복으로 보시하여 내세 인간과 천상의 원인을 심지 않으면, 복이 다하고 수명이 다하면, 곧 떨어져서 도리어 복 가운데 화(禍)가 감춰져 있을 것이다. 돈은 생명이 없는 물건이고 사람은 만물의 영장이다. 따라서 우리는 돈을 이용해야지, 돈에 이용당하면 안 된다. 돈이 있으면 보시할 줄 알아야, 머릿속이 비로소 맑고 상쾌하며 생각이 쉬어질 것이며, 비로소 업장이 소멸될 것이다. 그렇지 않으면, 하루종일 돈을 위해서 번뇌하고 줄곧 업장에 감길 것이다. 이것이 바로 돈에 이용당하는 것이다.

4. 재가인은 복을 누리며 여행을 가고 하는데, 비록 매우 즐겁지만 여행에서 돌아오면 망상이 많아지고 머리가 청정하지 못하다. 그러나 우리(스님들)의 의식주는 비록 좋은 것은 없지만, 일을 마치면 고요하며, 조용히 앉아 염불하면 머릿속에 망상이 없어지니, 곧 정념(正念)을 가질 수 있다.

5. 어떤 불자가 묻기를 "재가인은 마땅히 어떤 법문을 수지(修持)해야 합니까?"

노스님이 말하였다. "재가의 불자가 수행하여 어떠한 것을 얻으려고 하는데, 그것은 불가능한 일이다. 모든 것을 놓고 일심으로 염불하여 대업왕생(帶業往生: 업을 가진 채로 극락에 왕생하는 것)을 구하여 다시는 사바세계에 떨어지지 않는 것이 비로소 가장 온당한 것이다."

6. 여신도인 임모모는 한마음 한뜻으로 산에 가서 머리 깎고 수행하여 사바세계의 고통을 끝내고 싶어하였다. 노스님은 이해하고 그녀에게 말하였다. "세속의 갖가지 좌절과 고난 때문에 두려움을 느끼고 싫어하는 마음을 내어 출가하면 곧 이러한 고통을 피할 수 있으며 청정하고 편안한 생활을 지내려고 생각하지 말아야 할 것이다. 사실상 출가는 각종의 좌절과 고난이 있어 더욱 그대를 힘들게 할 것이다.

단지 다른 것은 세속사회의 고통은 생사윤회의 업으로서 아무리 분투노력하고 수고해도 여전히 육도윤회의 길을 벗어날 수 없다. 그러나 출가의 갖가지 자극과 좌절은 도리어 우리가 갖춘 깨달음의 지성(知性)을 일깨울 수 있으며, 그 가운데의 경험과 수련을 통하여 해탈의 지혜를 낼 수 있으며, 마침내 생사를 벗어날 수 있다.

7. 사람이 되어 만약 출가하여 수행하면 비로소 가치가 있으며, 그렇지 않고 사회에서 자식 낳아 기르면, 죽을 때 여전히 버리지 못하고 떠나기를 원하지 않게 된다.

8. 출가인의 마음은 수행상에 힘쓰면 아무 일도 없다. 재가인이 만약 수행할 줄을 모르면, 마음속에 번뇌와 근심이 끊어지지 않고, 하루 종일 전도된 꿈속에서 생활하게 되며, 밤에 꿈을 꾸고 낮에도 눈을 뜬 채로 꿈을 꾸면서 하루하루 시간이 지나가는 것이 마치 영화가 상영되는 것과 같으며, 전 인생은 단지 비교적 긴 큰 꿈에 불과할 따름이다.

제8장 출가의 장점

1. 세속인은 육근, 육진의 욕락 가운데 빠져 마지막에는 처음은 즐겁지만 뒤에는 괴로움을 면하기 어렵다. 그러나 출가하여 힘든 수행을 하면, 비록 많이 힘들지만, 결국에는 먼저는 괴롭지만 뒤에는 즐겁다.

2. 사회는 업을 짓는 길이지만, 출가는 극락의 길이며, 해탈을 얻는다.

3. 수행의 길은 비록 어렵고 힘들어 세속의 자유로움보다 못하지만, 우리를 싣고 서방극락을 향하여 가서 아미타불을 뵙는다.

4. 출가의 옷은 누구나 입을 수 있는 것이 아니고, 오직 복이 있는 사람만이 입을 수 있다.

5. 출가의 밥은 먹기가 쉽지 않은 것이며, 만약 편안하게 먹으려고 하면, 수행을 잘해야 한다. 그렇지 않으면 장래 이 밥그릇을 잃어버릴 것이

다.

6. 부모의 동의 얻어 출가하는 것은 불가능한 일이다. 부모와 친족은 모두 우리가 그들과 같이 생사의 길을 가기를 원한다. 이미 우리도 부모의 은혜를 갚아야 하는 것을 안다면, 마땅히 출가하여 생사를 벗어나는 길을 가서 부모를 이끌고 와서 생사윤회의 고통을 면하고 해탈의 안락을 얻게 해야 하며, 이것이 비로소 진정으로 효도를 다하는 것이다. 만약 세속의 방식으로 효도를 다 하려고 하는 것은 불가능한 일이다. 우리는 이 사바세계에서 한 대(代) 한 대 걸어가는 길이 모두 그 전철을 벗어나지 못하며, 결과적으로 생사 윤회를 벗어나지 못한다.

7. 불조(佛祖: 부처님과 도를 깨달은 스님)에게 효순하는 것이 부모에게 효순하는 것이다.

8. 출가는 큰 효(孝)로서 위로는 네 가지의 은혜를 갚고 아래로는 삼악도(三惡道)를 구제하며, 세세생생의 부모를 제도한다. 그래서 단지 현세의 부모뿐 아니라 이전 많은 생의 부모도 제도하려고 한다.

9. 출가하여 수행하면 부모와 역대 조상들을 제도할 수 있으며, 또한 스승의 은혜도 갚을 수 있다. 이른바 위로는 네 가지의 은혜를 갚을 수 있는 것이다. 이렇게 우리의 인생이 이런 길을 가면 비로소 목적이 있고 가치가 있으며, 또한 비로소 해탈의 길이 생기게 된다. 그렇지 않으면 흐리멍덩하게 어지럽게 살다보면 다시 사생(四生)의 윤회 가운데로 떨어질 것이며, 또한 얻기 어려운 우리의 인간몸을 억울하게 낭비하게 된다.

10. 어떤 사람들은 말하기를, "채식을 하는 사람은 채식의 말을 하며, 만약 모든 사람이 출가하면 이 사회는 어떻게 할 것인가?" 가령 사람마다 출가하면, 우리는 모두 같이 서방극락세계에 왕생할 수 있으니, 이것이 더욱 좋지 않은가?

11. 출가의 장점을 우리는 아직 보지 못하고 알지 못한다. 이러한 업장을 만약 소멸하지 못하면, 그런 업장들이 모두 임종 시에 함께 출현할 것이다. 겉으로 보기에는 출가인이 세 끼의 밥을 먹고 어떤 일을 하는 것처럼 보이지만, 사실 출가한 것은 바로 이러한 탐, 진, 치를 제거하고, 우리의 업장을 소멸하기 위함이다. 예를 들면,

의자를 닦을 때 스승이 다시 깨끗하게 닦으라고 말하면, 그들은 생각할 것이다. '이미 잘 닦았는데, 어째서 다시 이렇게 말씀하실까?' 이렇게 생각하는 것은 속인의 견식(見識)이다.

수행은 곧은 마음을 가져야 하며, 그래서 말하기를 "좋습니다! 제가 다시 잘 닦지요."라고 해야 한다. 이런 일도 그대들의 마음을 시험하는 것이며, 그래서 수행의 귀함은 곧은 마음에 있다는 것이다.

12. 이전에 어떤 조사(祖師)는 남에게 경시를 당하였다. 입은 것은 백납의(百衲衣: 많은 천 조각으로 기워서 만든 옷)이며, 모든 것을 사람과 비교할 수 없으며, 어떤 세속인은 그를 보고 침을 뱉으며 말하기를, "이것이 무슨 수행인이라고?" 그분이 말하였다. "그렇습니다!"

어린아이들까지 그를 천대시 하였다. 어떤 사람은 말하기를 "당신이 수행하는 것은 무슨 가치가 있는가?"

그분이 말하였다. "좋습니다, 좋습니다! 나중에 그대는 알 것입니다."

우리는 아직 생사를 두려워한다. 오늘 우리는 여전히 생사를 두려워하며, 의탁함이 없으니 비로소 이렇다. 이 신체는 시간을 보내는 것 같지

만, 우리의 이 신체는 아직 사바세계의 겁(劫)을
건너지 않았으며, 사바세계의 겁을 건너지 못하
면 여전히 생사윤회에 있어야 한다.

일체의 법문 가운데서
전일하게 염불하는 것이
효과와 위력이 가장 크다
- 광흠 큰스님 법어

제9장 지계(持戒)

1. 출가인은 계로써 스승을 삼으며, 계로써 스승을 삼는다는 것은 수행하여 사람들이 그를 보고 부처님을 뵙는듯하여 즐거워하며, 존경하고 우러러보는 마음을 일으킬 수 있도록 해야 한다는 뜻이다.

2. 계를 받는 것은 무엇을 받는 것인가? 바로 인욕을 받는 것이며, 인욕으로 수행하는 것이 근본이다. 그것에 따라 실천하면 어디를 가든지 모두 사람을 감화시킬 수 있다.

3. 출가인은 선근에 의거하여 출가, 수계로 인도한다. 그러나 지금의 출가인은 출가인이 복 누리는 것을 보고 출가한다. 오늘 출가하여 내일 수계하는데, 이것은 좋지 않다. 과거의 출가인은 모두 많은 힘든 일을 겪은 후 다시 수계하였으며, 따라서 지금의 출가인이 수계하는 것은 삼단대계(三壇大戒)를 받는 것이 아니라, 명리(名利)의 계를 받는 것이다. 왜냐하면 수계 후 돌아와서

명리를 논하고 수지(修持)를 논하지 않기 때문이다.

4. 지금 사람은 계를 받는 장소에 들어가면 곧 계를 받으며, 그 장소에서 나온 후에는 곧 계가 없으며, 그는 참회를 모르기 때문에 자기는 수계 이후 즉시 대법사가 된 것으로 여긴다. 그러므로 계단(戒壇)에 들어가지 않으면 마땅히 열심히 배우고 힘들게 닦아야 하며, 계단에서 나온 후에는 더욱 참회하거나 열심히 정진해야 한다.

가령 계단을 나온 후 바로 대법사가 되어 거드름을 피우며 곳곳에서 남들을 지도하려고 한다면, 불교는 곧 말로(末路)에 진입할 것이다. 계를 받지 않은 사람은 계를 받은 사람이 돌아와서 법사의 거드름을 피우며 이것저것 지휘하는 것을 보게 된다. 따라서 계를 받지 않은 사람이 계를 받고 돌아온 사람의 그러한 위풍을 보고는 곧 조급하게 계를 받으러 가려고 한다.

5. 어떤 사람은 계를 받고 돌아와서 탐하는 마음을 배워 의식주에서 더욱 복을 누리려고 하며, 용맹하게 정진할 줄을 모른다. 재가인은 장사를 하면서 남들에게 믿게 하려고 고생하며 신용을 지켜야 한다. 그러나 출가인은 남에게 믿음을 주

지 못하며, 이와 같이 하며 의식주를 탐하고, 계를 지니지도 않고 수행하지도 않으면, 어떻게 남을 믿게 할 수 있는가? 계를 지키고 힘들게 노력하면, 신도들은 더욱 그대를 믿고 신앙하며, 공경할 것이다.

6. 계율은 주로 자기를 단속하는데 있지, 단지 남에게 시키면서 자기는 하지 않는 것이 아니다.

7. 흐리멍덩하게 출가하고, 흐리멍덩하게 계를 받는데, 수계는 가서 참회하는 것이며, 업을 가지고 가서 다시 업을 가지고 오는 것이 아니다.

8. 수계하고 참을 수 있으면 곧 도에 들어간다. 무릇 일은 모두 간단하며, 남들과 잠을 잘 자고 맛있는 것을 먹는 것을 따지지 말아야 한다. 수계는 위의와 규범을 배우는 것이지, 시비를 논하며 구업(口業)을 지으러 가는 것이 아니다.

9. 불법에 대하여 잘 이해하지 못하고 수계하면, 아만심을 일으키기가 쉽다.

10. 민국 22년 스승(광흠노스님)은 이미 중년에 진입하였지만, 여전히 구족계를 받지 않았다. 스

승은 약관의 나이에 출가하여 지금 이미 22년이 지났다. 비구계를 받지 않고 계속 늦춘 까닭은 여래의 가업을 짊어진 자로서 실로 위로는 불조를 속이고, 아래로는 중생을 기만하며, 바깥으로는 스승·도반·부모의 은혜를 저버리고, 안으로는 자기의 신령함을 저버릴까 두려웠기 때문이다. 그리하여 고산사(鼓山寺)에서 염불정진 7일 법회[佛七] 중 염불삼매를 증득하였다. 그래서 비로소 여래를 머리에 이고 갈 수 있어 흥화(興化)의 용산사(龍山寺)로 가서 구족계를 받고 구름 속을 노니는 자재한 몸을 얻게 되었다.

11. 계를 받으면 계를 받기 전과는 마땅히 같지 않아야 한다. 더욱 힘든 수행을 하며, 습기를 고치고 나쁜 생각을 제거하며, 계를 스승으로 삼아야 한다.

12. 만약 생사를 마치려면, 모든 욕망에 담박해야 하며, 계율을 배워야 비로소 어지럽게 행하지 않고, 비로소 규범이 있어 진지하게 행하고 방일하지 않을 것이다.

13. 출가인은 계율에 정통해야 하며, 무릇 일을 함에 있어서 경계를 만나면 곧 행동거지를 알고,

인과를 알 수 있으며, 계학의 장엄함을 배워야 한다. 계는 바로 인욕과 인욕이 첫 번째 도라는 것을 배우는 것이며, 계가 있어야 비로소 정과 혜가 있게 된다.

14. 출가인이 만약 계율의 제약으로 훈습함이 없으면, 속가인과 다름이 없다. 만약 사람과 사람 사이에서 여전히 남은 그르고 나는 옳다는 생각을 일으킨다면, 보리심을 아직 발하지 못한 것이고, 이것은 계를 범한 것이다.

15. 총림은 규범을 보배로 삼으며, 출가수행은 규범에 따라 수행해야 하며, 세속법에 따라 세속의 생각으로 다시 부처님 사원을 둘러 감으면 안 된다. 규범을 지키는 사람은 몸과 마음이 자재롭고 여유가 있으며, 근심이 없다.

16. 수계는 자기의 마음을 단속하는 것이지, 다른 사람을 단속하는 것이 아니다. 우리에게 나쁜 생각이 일어날 때, 우리가 팔식 가운데 형상이 없는 계체(戒體)를 심으면, 드러나 작용을 발휘할 것이며, 우리를 제지하여 계율을 위반하지 못하게 할 것이다. 따라서 '계를 스승으로 삼아야 하며' 계의 장엄함을 지녀야, 비로소 반야(般若)와

상응할 수 있다.

17. 계도 너무 집착해서는 안 된다. 그렇지 않으면 본래 계를 지니는 것이나 결과적으로 오히려 계에 휘둘리게 된다. 계는 번뇌를 내지 않고, 남과 충돌하지 않는다.

18. 계를 지키는 것은 '계의 모습[戒相]'에 집착하는 것이 아니다. 자기를 단단히 묶어서 대중들과 일마다 어울리지 않고, 이것을 보아도 안 되고 저것을 보아도 안 된다고 하면서 결과적으로 도리어 마음에 번뇌를 내서는 안 될 것이다.
　계의 정신을 파악하여 몸과 입과 뜻의 삼업(三業)을 청정하게 하는 것이 가장 중요하다. 또한 무슨 일을 하든지 간에 자비와 방편의 마음을 가져야 한다. 이른바 "자비를 근본으로 삼고, 방편을 문으로 삼는다"고 한 것이다. 이 두 가지를 잘 살펴서 행하면 비교적 계를 범하지 않을 것이다.

19. 지계는 무엇을 지닌다는 것인가? 바로 '마음을 일으키고 생각을 움직이는' 것을 금계하는 것이다. 일체의 계는 모두 우리의 마음을 대치하고, 중생의 번뇌 등등을 대치하는 것이다. 왜냐

하면 계(戒)는 부처와 조사의 행위이며, 정(定)은 부처와 조사의 마음으로서 한 수행인이 만약 계를 청정하게 지니고, 몸과 입과 뜻의 세 가지 업을 범하지 않으면, 마음이 청정해지고, 바른 정이 자연히 나타나며, 부처의 지혜가 나온다.

따라서 계는 보리(菩提)의 근본이다. 계가 있어야 비로소 선정에 들 수 있으며, 선정으로 인하여 지혜가 나온다. 그러므로 계정혜 삼학은 한 몸으로서 분리할 수 없는 것이다. 계의 규범이 있어야 비로소 계율을 범하지 않고, 인과의 윤회에 떨어지지 않을 것이다. 따라서 지계의 가장 중요한 것은 바로 우리의 마음이다.

20. 처음 출가한 사람은 모두 일신(一身)의 습기와 업장을 가지고 있어 망념이 분분하고 마음이 날뛰며, 속박을 받지 않으니 마음대로 하고자 하는 것을 다 하게 된다. 그러나 지금 출가하여 수행하는 것은 바로 이러한 오래된 습관을 뒤집어 새로운 행동으로 바꾸어야 하며, 본래 버릇이 된 습기를 도법을 담을 수 있는 행위로 바꾸어야 한다. 그래서 소위 말하는 출가에는 계가 있어야 한다는 것이다.

계는 바로 인과(因果)로서 제약하는 바가 있으며, 무슨 원인을 심으면 무슨 결과를 얻게 된다.

계가 있으면 정이 있고, 정이 있으면 지혜를 낼 수 있으며, 천룡팔부의 호법신장이 스스로 와서 보호할 것이다.

수행은 바로 우리의 인내성을 닦는 것이며,
이러한 갖가지의 역경을 닦아서
모든 일에 참을 수 있어야 비로소 수행이다.
편안하고 뜻에 맞는 경계는
무슨 닦을 것이 있겠는가?
바로 거스르는 환경에서 갈고 닦아야 하며,
모든 일에서 다른 사람의 뜻을 따르고
일마다 인욕해야 최후에는 좋은 점이 있을 것이다.
만약 다시 나는 옳고 남은 그르다고 분별하면,
번뇌가 곧 올라올 것이다.

-광흠 노스님 법어록

제10장 참방(參方)

1. 전(傅)모 법사가 하산하여 참학(參學)하려고 휴가를 청하니, 노스님께서 객실에서 그에게 말하기를 "나가서 참학하려고 하면, 다른 사찰의 주지, 원주, 고두(庫頭: 창고 담당) 등, 이런 몇 분의 일을 책임지고 있는 사람의 수행방법을 참학하면 좋을 것이다. 하지만 지금의 출가인은 대부분 친척을 반연하는 속가의 모습으로서 양친을 버리고 사랑하는 마음을 끊어버린 기백을 가진 출가인은 없다. 또한 명리를 다투는 마음이 많으며, 마음을 쉬고 이익에 담박한 도풍을 가진 출가인은 없다.

　참학은 자기의 마음을, 즉 우리의 번뇌심, 번민심, 남에 대한 선악시비의 분별심을 참구하는 것이며, 일체의 경계에 대하여 분별을 일으키지 않고, 번뇌를 일으키지 않고, 번뇌가 없는 마음, 걸림이 없는 마음을 얻는 것이 참학하는 것이다.

2. 대만에서는 참학할 곳이 없다. 그러므로 자기가 자기를 참학해야 한다. 선지식은 어디에 있는

가? 마음에 있다.

3. 전(傳)모 스님은 어떤 스님과 객실에서 홍일
(弘一)대사에 대하여 대화하며 대사의 다시 오신
[再來: 보살이 중생을 제도하기 위하여 이 땅에
다시 태어나는 것을 말함] 공덕을 상당히 찬탄하
면서 스스로 범부로서 습기와 무명이 치성함을
부끄러워하였다. 노스님은 옆에 앉아서 듣고 있
다가 말씀하였다.
  "자기가 범부임을 알아야 비로소 수행을 잘할
수 있으며, 우리는 모든 번뇌 가운데서 자기를
잘 조절해야 한다. 이것은 다른 사람이 대신할
수 없는 일이다. 조절함이 타당하게 잘 되면 자
연히 지혜가 밝아지고, 무명이 흩어진다. 이것이
바로 자기를 참학하는 것이다.

4. 현재 승천사에 오는 사람은 어떤 모습이든지
다 있다. 하지만 시끄러운 가운데 고요함을 얻어
야 비로소 참된 수행이다. 어떤 사람은 큰 도로
변에 나가서 수행하고, 심지어 차가 지나가지만
그는 느끼지 못한다.

5. 우리가 참학하는 것은 결코 다른 사람이 우
리에게 무슨 대우를 잘해 주기를 바라는 것이

아니라, 다른 사람으로부터 손해보는 가운데서 참학해야 비로소 참학한다고 할 수 있으며, 손해 보지 않으면 참학할 것이 없다. 그러므로 참을 인(忍)자는 매우 중요하며, 일체의 힘든 노고를 참아야 할 뿐 아니라, 모든 욕됨을 참아야 한다. 다른 사람이 우리를 미워해도 우리는 한 구의 "아미타불"로써 그와 좋은 인연을 맺어야 할 것이다. 단지 인욕할 수 있어야 비로소 큰 지혜를 열 수 있다.

6. 참학은 나쁜 사람을 참학해서 타격을 받아도 그가 나쁜 사람이라고 생각하지 말아야 한다. 그 는 우리의 선지식이며, 설령 나의 머리를 잘라 도, 나는 그를 제도하려고 해야 할 것이다. 다른 사람의 나쁜 것을 참학하여 자기를 바꾸어야 할 것이다.

7. 이전의 사람은 법을 구하는데 비록 온갖 괴 로움을 받아도 이것을 빌려 신심(身心)의 능력을 증가시킬 수 있었으며, 이후 법을 널리 펼치고 중생을 제도하는[弘法度衆] 임무를 짊어지는 자 본으로 삼았다.
　노스님은 젊었을 때 사방을 행각하며 참학하 였는데, 이 또한 온갖 배고픔과 피곤함을 겪고,

더하여 병마가 몸을 침범하여 고통을 겪으면서 갈고 단련해 오신 것이다. 단지 실제의 수행이 있으면, 자연히 천상 호법(護法)의 가호를 받게 된다. 그렇지 않으면, 스승은 하루종일 이곳에 한가롭게 앉아서 무엇으로 매일 그렇게 많은 신도들의 예배를 받겠는가?

제11장 도량(道場)

1. 한 비구가 창화(彰化)에서 와서 도량을 찾는 일에 대하여 노스님께 가르침을 청하였다. 노스님이 말하였다.

"우리 출가인이 몸을 천지에 의탁하면, 이 천지는 곧 우리 몸이 머물고 도를 닦는 곳인데, 다시 어떤 곳을 찾으려고 하는가? 출가인이 산수를 유람하는 것은 어디에 이르든지 곧 그곳이 머물 곳이며, 결코 무슨 도량을 찾으러 가는 것이 아니며, 자기에게 원력이 있는지 없는지를 봐야 한다. 원력이 있으면 숲속에 대나무로 엮어서도 머물 수 있으며, 이 또한 도량이다. 원력이 있으면 매 환경의 장애를 극복하고 마음이 곧 안정될 수 있다. 이러면 어떤 도량이든지 모두 편안한 마음으로 도를 닦을 수 있을 것이다."

2. 옛날에는 출가인은 탁발하며 각자 수행하러 갔으며, 팔만사천 법문을 각자 선택하여 각자의 공부를 닦았다. 오늘 탁발이 있으면 먹고, 없으면 그만두면서 전심으로 공부하여 생사를 벗어

났다. 오늘날의 많은 출가인이 어떻게 하면 작은
절을 지을까를 생각하는 것과는 같지 않았다. 많
은 절을 짓는다고 곧 생사를 벗어날 수 있는 것
은 아니다. 많은 출가인이 절을 짓지만 무엇을
위한 것인지를 모른다. 자기가 생활을 유지하기
위함인지, 아니면 중생을 제도하기 위함인지 모
른다. 만약 생활을 유지하기 위해서라면, 작은
초암이라도 생활할 수 있다. 만약 중생을 제도하
기 위해서라면, 모두 돈 있는 사람을 찾는데, 이
것은 곧 경쟁이 되어 불보살을 가지고 장사를
하는 것이다. 재가인이 출가인을 믿지 못하고 경
시하는 것은 바로 이러한 원인으로 인한 것이다.

3. 이 마음이 안정되면 어디를 가든지 모두 편
안할 것이며, 이 마음이 편안하지 못하면 천당에
가도 편안할 수 없을 것이다. 사람에게 허물이
적으면, 곧 업의 느낌을 감소시킬 수 있으며, 마
음이 안정될 수 있다.

4. 어떤 스님이 물었다. "지금 머무는 절을 떠나
고 싶으며, 3개의 장소가 있는데 어떤 곳이 저
와 인연이 있는지 모르겠습니다."
　답하기를 "마음이 불안한가, 아니면 있는 곳이
안정되지 못한가? 만약 이 마음이 불안하면 사

방으로 달려가도 안정되지 못할 것이다. 마음이 원숭이와 말처럼 날뛸 때는 곧 마음을 돌려야 곧 안정된다. 계율이 가장 중요하며, 계율이 청정하면 마음이 청정해진다. 만약 마음이 불안정하면 무슨 일을 봐도 아상(我相)이 있게 되는데, 무슨 일이라도 모두 내가 아니라고 봐야 한다.

서방극락세계에 가려면 마음을 닦아 일심불란에 이르러야 하며, 무슨 일이 와도 일념이 청정하면, 바로 서방극락이다. 마음이 불안정하면 생각이 도처로 어지럽게 달려가며, 마음으로 마음을 안정시켜야 한다. 그렇지 않으면 무엇으로 마음을 안정시킬 것인가? 만약 마음이 달려나가면, 곧 어디로 달려가는지를 물어야 한다."

5. 요즘 사람은 절을 지으면 제자를 받아들여서 제자에게 화연(化緣)을 시키니, 제자는 아무 것도 할 줄 모르고, 또한 사람을 감화시킬 도량(度量: 너그러운 마음)도 없다. 돈이 있으면 곧 절을 짓는데, 제자를 대하는 것이 마치 고용인처럼 하며, 그리고 어떻게 지도해야 할지를 모른다. 그런 시간이 오래 되어 제자가 그의 말을 듣지 않으면, 곧 불학원(한국의 강원이나 승가대학)에 보내 공부하게 한다. 많은 사람이 불학원에서 공부하며 불법을 널리 알리고 중생을 이롭게 하려

고 한다고 말하지만, 결과적으로 공부해서 몇 명이나 그렇게 하는가? 재가인이 그들을 보고는 존경하지 않으며, 곧 절의 관리원으로 들어가서 출가인을 관리한다.

6. 한 칸의 절을 짓는 것이 그렇게 간단한 것이 아니며, 광고하는 종이 한 장을 붙인다고 되는 것이 아니라, 다시 한 막의 연극을 해야 한다. 그대들이 수행할 줄 알아서 계의 신이 옹호하고, 위타보살과 호법, 천신들이 우리에게 감동을 받도록 해야 한다. 원하지 않은 사람이라야 비로소 그런 감응이 있게 되고, 비로소 저절로 이루어지는데, 이것은 우리가 볼 수 없는 것이다.

7. 출가한 사람은 출가가 무엇인지를 이해해야 한다. 아울러 큰 총림의 절에 가서 단련해야 하며, 남들이 하기를 원하지 않은 일을 해야 하고, 마치 벙어리와 소경처럼 듣지 않고 보지 않아야 한다. 고생을 견딜 줄 알아야 어디로 가서 도량을 건립해도 모두 성공할 것이다. 만약 고생을 해본 적이 없이 출가한 지 얼마 되지 않아서 도량을 건립하려고 하면, 그것은 성공하기가 매우 어렵다.

8. 수행은 반드시 사람이 많은 대총림의 절에서 해야 비로소 좋은 인재로 단련될 수 있다. 만약 한, 두 사람, 혹은 두, 세 사람이 함께 지내면, 단련할 기회가 없다.

9. 수행을 용맹하게 정진하여 의식주가 모두 필요없을 정도가 되어야, 다시 산문을 안 나가고 폐관수행하면 비로소 성취가 있고 성공할 보장이 있다.

10. 마음을 닦아 청정하게 될 때 경계를 만나면 곧 바르고 삿됨을 분별할 수 있다. 마음이 어지럽게 움직이지 않는 것이 도량이다.

제12장 화합(和合)

1. 우리가 염불하는 것은 바로 염하여 '연꽃이 피어 부처님을 친견하기[花開見佛]' 위함이다. 무엇을 '연꽃이 피어 부처님을 친견하는' 것이라 하는가?

바로 무릇 모든 일에 있어서 화성(火性: 급하고 화를 잘 내는 성질)을 제거하고, 인내해야 하며, 부드럽고 기쁜 얼굴로 도리를 행하는 것이다. 남을 대하는데 친절하고 온화해야 하며, 절대로 냉담하고 엄숙한 얼굴을 하여 남이 보면 도망가게 해서는 안 될 것이며, 스님이 된 사람도 이와 같이 해야 비로소 중생을 제도할 수 있다.

모든 일은 도리에 따라 사실에 입각하여 처리해야 하며, 번뇌심으로써 대처해서는 안 될 것이다. 남을 대하는데 선인이든 악인이든 온화하게 평등한 마음으로 대해야 하며, 다른 사람의 허물을 봐서는 안 된다. 이렇게 하면 다른 사람의 우리에 대한 인상이 좋아질 것이며, 우리의 마음도 상쾌할 것이다. 이와 같이 하면 마음에 번뇌가

없으니, 곧 '연꽃이 피어 부처님을 친견할[花開見佛] 것이다.'

2. 우리 자신의 광명은 태양의 빛과 같이 만물을 차별없이 대하여 비추지 않는 사물이 없이 좋은 사람도 비추고, 나쁜 사람도 비추어야 할 것이다. 좋고 나쁨은 다른 사람의 일이고, 우리는 언제나 평등하고 자비로워야 한다. 만약 다른 사람과 비교한다면, 우리 자신도 비슷한 사람이다.

3. 어떤 신도가 노스님께 〈금강경〉 가운데 "일합상(一合相)"의 뜻을 물었다. 노스님이 말씀하시기를 "일합상의 뜻은 많은 것을 포함하고 있는데, 예를 들어 다른 사람과 같이 지내고 일을 하는 데 있어서 화합하고 걸림이 없이 하는 것도 일합상의 일종이다. 항상 〈금강경〉을 독송하면, 비록 그러한 경지에는 이르지 못해도 깨달을 수 있을 것이다.

4. 절은 시방의 도량으로서 시방의 사람들이 한곳에 모이며, 한 사람이 하나의 모습이니, 우리는 이러한 환경에 자기를 적응시켜야 하며, 환경이 우리의 뜻에 적합하게 맞출 수 없다. 집에서

는 심지어 부모님조차도 자기의 뜻에 완전히 맞출 수 없는데, 하물며 시방의 사람들이겠는가? 곳곳에서 참을 수 있어야 하고, 순응하여 받아들여야 비로소 마음이 편안할 것이다.

5. 각자의 성미와 개성이 같지 않으니, 성질을 알면 함께 거주하기가 쉽다.(스승님은 특별히 이 것을 강조하시며, 우리에게 남들의 성질을 따르고, 남들의 성질에 맞추어야 한다고 하였다.)

6. 절 안의 각 사람은 모두 각자의 맡은 일이 있으며, 각자가 각자의 일을 잘 책임져야 하며, 다른 사람을 간섭해서는 안 될 것이다. 일이 있을 때는 자기가 옳다거나 다른 사람이 틀렸다고 강경하게 말해서는 안 된다. 그렇지 않으면 곧 충돌이 일어날 것이다. 이 세계는 바로 이러하면 평화롭지 못할 것이다. 다른 사람이 우리가 어떠하다고 말하든지, 모두 받아들여야 하며, 부끄럽게 자기의 잘못을 말해야 한다. 이렇게 하면 비로소 화합하고 분쟁이 생기지 않을 것이며, 절대로 다른 사람의 잘못을 꾸짖듯이 말하면 안 된다.

관자재 觀自在

〈반야심경〉에서 관자재보살觀自在菩薩을
말씀하시는데, '자재'란 무엇인가?
바로 이 마음을 관하여
마음이 자재하게 하는 것이다.
무슨 경계가 오든지,
혹은 망념이 분분할 때,
다 같이 "적정寂靜"을 유지하며,
부처님의 명호(아미타불)를 긴밀하게 잡으면,
좋고 나쁨이 없고,
좋은 생각 나쁜 생각도 없으며,
기쁨과 화가 남도 없이,
시시각각 이 마음을 관하는 것이
바로 "관자재觀自在"이다.

- 광흠 큰스님 법어

제13장 반야(般若)

1. 불법 가운데서 해야 할 일은 복혜쌍수(福慧雙修: 복과 지혜를 같이 닦는 것)이다. 자기의 몸과 마음을 바쳐 타인의 이익을 위하여 힘쓰지만 형상에 집착하지 않으며, 또한 자기의 사리사욕을 탐하는 것이 아니다. 비록 자기를 위하지는 않지만, 남을 위할 때 동시에 자기를 이롭게 하므로 자리이타(自利利他)이다. 비록 우리가 매일 옷을 입고, 밥을 먹으며, 잠을 자는 등등 갖가지의 일을 하지만, 이러한 것들은 모두 형상이 있는 생사의 원인이다.

반드시 다시 우리가 볼 수 없고, 들을 수 없는 한 면을 이해해야 한다. 그 한 면은 결코 보고, 듣고, 먹고, 혹은 무엇을 하는 것이 아니며, 이것은 진정한 해탈의 길이다. 우리는 악업을 가지고 이 사바세계에 와서 불문(佛門)에 들어가 불법으로부터 해탈의 좋은 길을 찾아 돌아가야 한다. 한 사람이 살아있을 때 만약 해탈을 얻지 못하면, 죽은 후 해탈을 얻을 수 없다.

2. "삼귀의"를 잘 이해해야 하며, 예를 들면 법에 귀의하는 것에 "지혜가 바다같이 되기를 원하는" 것과 같은 것이다. 무엇이 지혜인가? 지혜는 공성(空性)으로서 수행 중에 자연적으로 닦아 나오는 것이며, 생각해서 나오는 것이 아니다. 그리고 또한 지혜라고 말할 수 있는 구체적인 물건이 있는 것이 아닌데, 지혜는 색상이 없는 것이기 때문이다. 예를 들면 부처님께서 설하신 경전이 바로 지혜이다. 일상생활 가운데서 우리가 하는 모든 일을 원만히 하는 것이 바로 지혜의 운용이다.

3. 마음속에는 무엇이든지 다 포함하고 있는데, 쓰면 있게 되고, 안 쓰면 없다. 이것을 "공이 바로 색이며, 색이 바로 공이다[空卽是色 色卽是空]."라고 한다.

4. 이른바 "색상이 없다[無色相]"이라고 하는 것은 "색은 공과 다르지 않고, 공은 색과 다르지 않다.[色不異空 空不異色]"이며, 또한 "진공묘유(眞空妙有)"이다. 이 뜻은 바깥 경계에는 확실히 이러한 사물이 있지만, 우리 마음속에는 이러한 사물이 존재하지 않고 마음속이 공한 것이다. 만약 마음속에 이러한 사물이 있으면, 번뇌가 이것

으로 말미암아 생길 수 있다.

5. 만약 도를 체달하지 못하면, 비록 출가하여도 여전히 바깥 경계에서 닦는 것이며, 마음은 경계를 따라 돌므로 여전히 위험하다.

6. 출가는 육근으로 일을 행하는 것이 아니며, 육근으로 일을 행하면 여전히 생멸법이다.

7. 수행은 중도를 유지해야 하며, 수행하면서 거친 옷과 담박한 식사를 해야 하고, 향기·맛·감촉·법에 집착하면 안 될 것이다. 그러나 억지로 밥을 먹지 않거나, 옷을 입지 않거나, 추위를 견디고, 잠을 자지 않거나 하면서 오래 수행한 사람처럼 되려고 생각해서는 안 되며, 자연적으로 그렇게 되도록 해야 할 것이다. 수행이 경지에 이르면 저절로 배고프지 않고, 졸리지 않을 것이다.

8. 무릇 일에 있어서 좋고 나쁨은 모두 바깥으로 드러나지 않는다. 예를 들면 병이 나도 남들이 병이 난 것을 느끼게 하면 안 된다. 마치 노스님과 같이 스님은 비록 병이 있어도 누가 봐도 스님의 신체가 정정하다고 말하며, 스님에게

병이 있다는 것을 아는 사람이 없게 한다.

9. 일이 올 때 우리는 당시의 정황에 따라 정세를 살펴서 직접 대처해야 한다. 그러나 일이 이미 지나가면 곧 내려놓아야 한다. 만약 다시 제기하여 옳고 그름을 논하거나, 좋고 나쁨을 비평하면, 곧 구업(口業)을 짓게 되는데, 이것은 우리의 과실이다. 다른 사람이 좋고 나쁜 것은 그의 일이며, 우리는 그것을 우리의 마음속으로 가져와서 번뇌할 필요가 없다.

10. 사람을 대함에 보통으로 하는 것이 좋으며, 특별히 좋은 것도 없고, 특별히 나쁜 것도 없다. 좋은 것도 없고 나쁜 것도 없이 평등한 것이 좋으며, 이것이 바로 수행이다. 그렇지 않으면 곧 수행이라고 칭할 수 없을 것이다.

11. 좋아도 웃고 나빠도 웃으며, 좋고 나쁨은 분별하여 나오는 것이다.

12. 만약 즐겁고 기쁜 것을 만나면, 어떤 사람이 기뻐하는가를 묻고, 만약 번뇌할 일을 만나면, 어떤 사람이 번뇌하는가를 (자기에게) 물어라.

13. 번뇌를 만나 무슨 좋지 않은 생각이 나면, 곧 아미타불에게 말한다. "또 왔으며, 또 만났구나." 아미타불을 염하면서 "번뇌야 빨리 가라, 이런 일은 없어."라고 말하면서 마음으로 마음을 다스린다.

14. 몇 마디의 유머를 말하여 불법을 융화시키면, 비교적 번뇌가 없어진다.

15. 사회의 경계는 매우 많지만, 경계는 어디로부터 오는가? 우리의 마음으로부터 생한다. 그대가 만약 그것을 느끼지 못하면, 무슨 경계든지 존재하지 않을 것이다.

16. 어떻게 해야 비로소 마음이 안정될 수 있는가? 바로 무심(無心)해야 한다. 마음은 본래 머문 바가 없고, 마음을 찾을 수 없다. 마음은 원래 허공을 다하고 법계에 두루하다.

17. 정좌(靜坐: 마음을 고요히 하고 몸을 바르게 하여 앉음)는 색상이 없음에 앉으며, 고요함에 빠지는 것이 아니다. 일체의 모습을 떠나고, 마음은 집착하는 바가 없는 것이 비로소 정좌의 의미다. 이러한 청정한 공함과 색상이 없는 가운

데서 행주좌와에 아무 것도 집착하지 않는 법을 찾으며, 마음은 탐하고 연연하며 애착하는 하는 것이 없어야, 비로소 생사를 벗어나 해탈의 길로 들어간다.

18. 어떤 사람이 물었다. "무엇이 공입니까?" 노스님이 답하였다. "간파(看破)하는 것이 바로 공이다."

19. 어떤 스님이 마음이 번뇌하여 즐겁지 않았으며, 마침 객실에 일이 있어 스님이 거주하는 방에 들어가게 되었다. 노스님이 곧 그 스님에게 말하였다. "금강경에서 이르시기를, '만약 색상으로 나를 보려고 하거나, 음성으로 나를 구하면, 이 사람은 삿된 도를 행하는 것이며, 여래를 볼 수 없다.'[若以色見我 以音聲求我 是人行邪道 不能見如來]라고 하였는데, 그대가 해석해 보거라." 그 스님은 말없이 응대하였다.

　노스님은 옆에 있던 전모 스님에게 해설하게 하니, 전모 스님이 말하였다. "만약 어떤 사람이 좋은 말과 나쁜 말에서 분별을 일으키거나, 형상이나 색상에서 선인, 악인, 좋은 일, 나쁜 일이라는 분별을 일으켜 미워하고 사랑하는 집착을 일으킨다면, 이러한 분별과 집착의 업식과 습기로써는 여래의 청정한 해탈의 경계에 들어갈 방법이 없다.”

20. 어떤 스님이 노스님께 가르침을 청하였다. “무엇을 ‘스스로 그 뜻을 청정하게 하는[自淨其意]’ 것이라고 합니까?”   노스님이 법문하시기를, “눈으로 보아도 분별심을 내지 않고, 귀로 들어도 분별심을 내지 않는 것이 ‘자정기의’의 뜻이다. 다른 사람의 옳고 그름과 선하고 악함은 그들의 일이고, 그대와 또 무슨 상관이 있는가? 오직 자기에게 과실이 있는지 없는지를 깊이 살펴서 다른 사람의 과실을 보지 말아야 한다.”

21. 〈반야심경〉에서 관자재보살(觀自在菩薩)을 말씀하시는데, ‘자재’란 무엇인가? 바로 이 마음을 관하여 마음이 자재하게 하는 것이다. 무슨 경계가 오든지, 혹은 망념이 분분할 때, 다 같이 “적정(寂靜)”을 유지하며, 부처님의 명호를 긴밀하게 잡으면, 좋고 나쁨이 없고, 좋은 생각 나쁜 생각도 없으며, 기쁨과 화가 남도 없이, 시시각각 이 마음을 관하는 것이 바로 “관자재”이다.
  따라서 관은 ‘줄곧 관하거나, 줄곧 어떠하다, 어떠하다’고 생각하는 것이 아니라, 우리의 마음이 날뛰고 망념이 분분하고, 나쁜 생각이 일어날

때, 우리는 그것을 '관하여 머물게 해야[觀住]'
하며, 이러한 환화(幻化)와 같은 망념에 휘둘리면
안 되며, 즉 이 물건을 관하여 이 마음이 언제나
자재하고 청정하게 하는 것이다.

그러므로 행주좌와에 염불하든지, 예불하든지,
혹은 선방 안에 있든지 밖에 있든지, 모두 같으
며, 이 자재한 마음이 경계에 움직이지 않는 것
이 바로 "관자재"이다.

22. 〈반야심경〉에서 이르시길, "오온이 모두 공
함을 비추어 보아 일체의 고통과 재앙을 건넌다
[照見五蘊皆空 度一切苦厄]."라고 하였다. 이것은
바로 즉 아상, 인상, 중생상, 수자상의 네 가지
상[四相]을 타파하는 것이다. 세간의 형형색색인
형상에 집착하지 않아야, 비로소 일체의 고액(苦
厄)을 건널 수 있다.

하지만 우리는 이 신체에 대하여 간파하고 놓
을 수 없으며, 줄곧 색, 성, 향, 미, 촉, 법에서
구르니(마음이 움직이니), 세간의 먼지같은 인연
에 대하여 오염된 마음을 일으키지 않을 방법이
없다. 따라서 일체의 고통을 그칠 수 없다.

23. 어떤 스님이 노스님께 물었다. "어떻게 하면
오온이 모두 공해질 수 있습니까?"

노스님이 말하였다. "오온이 모두 공해지는 경지에 이르려고 하면, 반드시 계를 지니고, 인욕하며, 용맹정진하여 성미를 고쳐야 하며, 반드시 무명을 타파하고, 인연을 따라 모두 좋아야 한다. 만약 무명의 번뇌, 남과 나의 투쟁심을 일으키면, 안타까운 일이다.

24. 스승님이 물었다. "오늘 그대가 왔는데, 그대가 온 것인가, 아니면 누가 온 것인가?"

그 스님이 말했다. "제가 왔습니다."

스승이 말하였다. "아직 여기에 온 하나의 '나'가 있으니, 옳지 않다. 오고 가는 하나의 색상이 있으면, 여전히 생함과 멸함이 있으며, 모두 환화(幻化)이다.

본성은 오는 것도 없고 가는 것도 없으며, 불생불멸이고, 나도 없고 너도 없다. 말을 하는데 아무런 준비도 없이 생각하지 않고 물으면 바로 대답할 수 있으면, 오고 감이 없다. 우리가 말을 할 때 생각을 거치면 곧 오고 감이 있게 된다. 불법은 불가사의하여 입으로 말을 하는 것은 아직 아니다."

25. 미국인이 말하였다. "저는 스승님과 마음으로 마음에 도장을 찍었습니다."

스승이 말하였다. "그대는 아직 하나의 마음과 하나의 도장이 있으며, 또한 마음에 도장을 찍는 하나의 마음이 있으니, 여전히 '나'가 있다. 마음은 어디에 있는가? 너희들 세 사람이 와서 나에게 물으니 나는 여전히 그대들과 이야기하고 있으나, 그대들이 돌아가면 나도 없으며, 나와 무엇을 이야기하는 그대도 없다."

26. 만약 일을 하고 있을 때 아직 내가 무엇을 하고 있다고 알고 있으며 여전히 감각이 있으면, 이것은 단지 복을 닦는 것이다. 만약 일을 할 때 '내가 일을 하고 있다'는 생각이 없고 또한 아무런 감각이 없으면, 이것은 바로 반야(般若)와 상응한 것이며, 또한 몸과 마음과 세계를 모두 놓을 수 있다.

제14장 아상(我相)의 제거

1. 부모가 우리를 낳았을 때는 흐리멍덩하며, 성인으로 자란 후에는 번뇌를 일으켜 아상(我相)이 생기게 된다. 아상이 있으면 곧 번뇌가 생긴다. 본래 한 물건도 없는데, 어느 곳에서 번뇌가 일어나는가?

2. 너와 나의 상(相)을 제거하는 것 이것이 바로 수행이며, 비로소 참된 공부이다. 그렇지 않으면 어디로 가서 수행하든지 헛된 일이며, 만약 수행하여 이러한 경지에 이르게 되면, 그대의 공부도 집에 이른 것이다.

3. 사부(광흠 노스님 자신)에게는 아무 것도 없지만, 모든 것이 자연스러워 나 자신도 생각하지 않았지만, 무슨 일을 하시든지 화연(化緣)을 가지 않아도 도리어 절을 지을 수 있게 되었는데, 이 돈들은 어디로부터 오는가? …… '내'가 어떠하다고 말할 수 없다. 그렇지 않으면 자기를 높이는 마음이 튀어나온다. 따라서 시시각각 '나'를

내세우지 않아야 하며, '나'가 어떠 어떠하다고 말하지 말아야 한다. 자기의 심념(心念)을 자기가 알아야 하며, 자기가 자기를 높이는 아만심을 일으키고도 자기 스스로 모르면 안 될 것이다.

4. '나'를 말하지 말아야 하며, 그러면 아직 '나'가 있는 것이다. 내가 수행하여 지금의 경계에 이르렀지만, 지금도 아무런 조건이 없으며, 나는 이미 수행하여 어떠 어떠한 경지에 이르렀으니, 너희들이 나에게 공경하고 나를 모셔야 한다고 말하는 것이 아니다. 지금 나이가 들어 비로소 남들의 도움이 필요하지만, 만약 내가 지금 힘이 있으면, 내 의복은 내가 세탁할 것이다. [전연(傳緣)스님이 말하기를, 스승님은 70 몇 세까지 자기의 의복을 세탁하셨다고 하였다.]

5. 이 오탁악세의 색성향미촉 가운데서 만약 정념(正念)을 가지면, 생활 속의 움직임이 모두 허망한 망상이라는 것을 분석해낼 수 있을 것이다. 사람마다 모두 번뇌심을 가지고 있으며, 아상(我相)의 안에서 계교(計較)하는 것이다. 아상을 견고하게 잡지 말아야 할 것이며, 그러면 번뇌에서 해탈할 수 없다. 얼마나 많은 번뇌가 일어나더라도, 한 구의 "아미타불"을 염해야 한다.

6. 마음이 일어나고 생각이 움직이는 것은 모두 자기가 옳지 않은 것이며, 이것은 아직 '나'가 있기 때문이다. 이것은 미세한 상으로서 한 생각이 일어나면, 상(相)이 곧 일어난다.

7. 수행은 네 가지 상(아상, 인상, 중생상, 수자상)을 쓸어 없애야 하며, 다른 사람의 결점을 보고 분별심을 일으키지 말고, 마땅히 먼저 자기와 남들 모두 불성을 가지고 있음을 관찰해야 한다.

8. 오늘 우리가 출가한 것은 수행하여 생사를 벗어나려는 것이지, 누리려는 것이 아니다. 힘들게 수행하는 것은 우리의 몸과 마음을 단련하여 우리에게 아상을 없게 하고 탐진치를 없게 하며, 몸과 입과 뜻의 청정함에 이르도록 하는 것이다.

9. 어떤 사람은 비록 정진하고 수행하지만, 편향되고 잘못된 방향으로 가면서 줄곧 "상에 집착된" 수행을 하며, "아상, 인상, 중생상, 수자상"의 사상(四相)을 집착하여 번뇌와 전도된 생각을 일으킬 뿐 아니라, 최후에는 자기에게 수행이 있으며, 자기가 무엇을 얻었다고 말한다. 사실 이미 잘못되었지만, 아직 스스로 깨닫지 못하며, 심지어 다른 사람에게 영향을 미치는데, 이런 것

들 모두 불법에 대한 바른 지견(知見)이 없기 때
문이다.

10. 사람들이 그대에게 이렇게 하라고 하면, 그
대는 곧 이렇게 하면서 머리에는 다른 생각을
하지 않으면, 비교적 잘 수행하는 것이다.

11. 비교적 솔직하면, 지혜가 열리기 쉽다.

12. 이른 아침 노스님께서는 정원 앞에 한가롭
게 앉아 계실 때, 향등 소임을 맡은 스님이 앞으
로 가서 물었다. "스승님, 저는 미국의 스님이
하고 있는 하루 한 끼의 식사를 시험해보고 싶
은데 괜찮겠습니까?"
노스님은 정색을 말씀하였다. "그대가 세 끼 배
부르게 먹고 신체가 건강하고 체력이 충분하여
종 치고 북 치면서 절의 소임을 잘하는 것은 대
중을 위하여 공덕을 짓는 것이니, 이것이 비로소
바른 일이다. 하루 한 끼의 식사를 하는 것은 또
한 자기의 신체가 지탱할 수 있을지를 보아서
천천히 단련하면, 자연히 습관이 될 수 있다. 만
약 억지로 강행하면 신체가 지탱하지 못하고 질
병이 따라 올 것이다. 하루 한 끼 식사는 다시
이상에 집착하여 내가 어떠하다는 것을 집착하

는 것이며, 그것은 단지 자기를 위하는 것이고 다른 사람을 위하는 것이 아니다. 우리가 힘들게 수행하는 것은 많은 사람을 이롭게 하려는 것이니, 반드시 이런 하루 한 끼 식사[日中一食]를 본받을 필요는 없을 것이다."

13. 저녁 무렵 예불을 마친 후 전(傳)모 스님과 다른 스님이 일중일식(日中一食)의 문제에 관하여 다시 스승님께 가르침을 청하였다.

노스님께서 말씀하였다. "수행은 기갈(飢渴)을 참는 것이 아니며, 하루 한 끼의 식사를 하면 신체 내의 허화(虛火)가 상승하여 신체가 손상될 수 있으며, 오래 참다 보면 다시 아귀도의 한 구성원으로 떨어질 수 있다. 이곳에 온 미국의 스님들은 결코 먹지 않는 것이 아니다. 그들을 봐라, 점심 때 많이 먹지 않던가? 세 끼의 분량을 한 끼에 다 먹으니 위장이 과도하게 배고프지 않으면 과도하게 팽창되어 도리어 위장이 커진다. 그러니 정상적인 식사를 하느니만 못하다. 세 끼를 먹는 것은 단지 배고픔을 해소하고 단지 너무 많이 먹지만 않고 적당하게 배가 부르면 그것을 탐착하지 않으면 괜찮다. 최근에 죽은 전능(傳能) 스님은 원래 신체가 아주 좋았는데, 억지로 배고픔을 참으면서 7일 동안 단식을 하여 몸이 망가

졌으며 다시 회복하기가 어려웠다."

노스님은 이어서 말씀하였다. "일중일식(日中一食)을 행하거나 오후불식을 하는 것은 신체의 자연적인 상황에 따라 배가 부르는 청정한 정황 하에서 자연적으로 많이 먹을 필요가 없으며, 남는 음식을 놓게 되는 것이며, 결코 억지로 강행할 것은 아니다. 지금 우리와 같이 일신의 무명습기가 여전히 허망하게 움직이니, 아마도 먹는 것이 신체의 소모량에 부족할까 걱정되는데, 무슨 일중일식을 논하는가? 아귀로 변하지 않으면 좋을 것이다."

전모 스님이 물었다. "그러면 우리는 어떻게 해야 생사를 마칠 수 있습니까?"

노스님께서 말씀하였다. "생사를 마치는 것이 어디 그렇게 간단한 일인가! 밥을 먹지 않는다고 생사를 마칠 수 있으면, 여러분 모두 밥을 먹지 않으면 될 것이다. 생사를 마치려면 반드시 무명과 습기를 제거하고 인욕을 해야 한다. 인욕의 첫 번째 도가 가장 중요한 것이며, 밥을 먹지 않는다고 해서 생사를 마칠 수 있는 것이 아니다."

14. 우리가 출가한 것은 오욕칠정(五欲七情)을 끊기 위함이다. 하지만 오욕칠정을 끊는 것도 집착해서는 안 된다. 만약 먹지 않고, 자지 않는

것을 집착하면, 허화(虛火)가 상승함을 초래하여 우리의 신심(身心)을 어지럽혀서 몸과 마음을 산란하게 하고, 사대(四大)가 조화롭지 않으며, 기력이 쇠약하게 할 것이며, 심지어 먹지 못하고 잠자지 못할 수 있다. 먹을 수 없고, 잠을 잘 수 없을 때, 만약 정념(正念)이 없으면, 삿된 길로 빠지기 쉽다. 따라서 우리가 수행하고 수지(受持)하는 가운데 '먹지 않고, 자지 않는' 것을 집착해서는 안 되며, 혹은 '어떠 어떠해야' 하는 것에 집착하면 안 될 것이다. 결국 여전히 이 신체에 의지하여 수행을 해야 하기 때문에 반드시 평상심(平常心)으로 수지해야 하며, 행주좌와에 중도(中道)를 취하여야 한다. 이렇게 우리의 몸과 마음을 유지하고, 우리의 몸과 마음을 편안히 수양해야 할 것이다. 왜냐하면 수행에서 중도를 취하면 우리가 마땅히 가야 할 길을 갈 수 있으며, 자연히 수행의 길에서 비교적 장애가 없기 때문이다.

15. 육도윤회에서 오늘날 우리가 사람이 된 것은 수행하기 위함이다. 따라서 사람의 몸을 가진 기회를 잘 파악하여 자기 스스로 함부로 어지럽게 가거나, 어지럽게 행하며 먹지 않고 잠자지 않거나, 장좌불와(長坐不臥) 하지 말아야 할 것이

다. 이 속에는 헛된 것이 너무 많고 다양한 모습이 나오는데, 이런 것들은 모두 '상에 집착한' 수행으로서 이 신체를 무너뜨릴 뿐 아니라, 몸과 마음을 산란하게 만든다. 만약 아직 그런 경계에 이르지 않았으면, 그것을 행할 방법이 어찌 있겠는가? 그러므로 수행은 정념(正念)을 가져야 하며, 평상심이 바로 도(道)이다.

16. 먹고 잠자는 것은 인연을 따를 것이며, 부처님에게 생각[念]이 없고 절함[拜]이 없는 것을 집착할 필요가 없으며, 이것도 아상(我相)을 집착한 것이다.

17. 이렇게 일을 하고 먹고, 먹고 일을 하면, 도를 깨달을 수 없다. 형상과 색상을 진정으로 간파해야 비로소 방법이 있게 된다.

18. 어느 날 하루 제자들이 노스님을 따라 뒷산에 가서 걷다가 아름다운 꽃을 보게 되자, 어떤 제자가 말하였다. "제가 조금 후에 칼을 가지고 와서 꽃을 잘라 병에 꽂아 부처님께 공양해야겠습니다."
노스님이 말씀하였다. "이 꽃들은 이곳에 자라면서 본래 시방의 부처님께 공양하고 있는데, 어디

에 그대가 잘라 꽃병에 꽂아 부처님께 공양을
올릴 필요가 있겠는가! 사바세계에서 단지 하나
의 풀을 탐해도 다시 와서 윤회해야 한다는 것
을 알아야 할 것이다."

19. 정좌(靜坐)는 고목처럼 오래 앉는 것이 아니
며, 더욱 '나는 정좌하고 있다', '나는 염불하고
있다', '나는 참선하고 있다'는 등을 집착하면 안
될 것이다. 이러한 것들은 모두 아상(我相)이며,
상에 집착한 수행이다. 만약에 다시 하나의 '나
는 어떠하다'는 것을 가지고 있으면, 그것은 여
전히 망상으로서 자재할 수 없다. 설령 고목처럼
천 년을 앉아있어도, 마치 돌을 삶고 모래를 쪄
서 밥을 만드는 것처럼 생사를 마칠 수 없다. 반
드시 일체의 상을 떠나 마음에 집착함이 없고,
'나는 무엇을 하고 있다'는 생각이 없어야 할 것
이다. 행주좌와에서도 이와 같이 일체의 경계에
도 집착하지 않고, 일체의 법에도 집착하지 않아
야 하며, 마음이 청정하고 분별을 멀리 떠나야
비로소 삼계를 벗어날 수 있고, 생사윤회를 뛰쳐
나갈 수 있다.

20. 일심으로 염불하며 힘들게 수행해야 하며,
수행은 형식상에서 아상(我相)을 장식하지 말아

야 한다.

21. 수행은 다른 사람에게 보여주려고 닦는 것이 아니며, 표면적으로 공부하면 도행이 있을 수 없으며, 그 사람 공부의 깊고 얕음은 다른 사람이 한 번 시험해보면 곧 알 수 있다. 금강경에서 이르시길, "만약 아상, 인상, 중생상, 수자상이 있으면, 보살이 아니다."라고 하였다. 따라서 수행은 남이 모르게 행하는[密行] 것이며, 자기의 마음을 닦는 것이며, 안으로 자기의 마음이 일어나고 생각이 움직이는 것을 관조하는 것이며, 밖으로 반연(攀緣)하여 얻으려고 추구하는 것이 아니다. 그러나 설령 자기에게 정말로 공부가 있을 지라도, 고의로 다른 사람이 느낄 수 있도록 할 필요가 없다. 이렇게 하면 비로소 진실하게 도를 잘 닦는 것이다.

22. 수행은 다른 사람에게 보여주려고 닦는 것이 아니며, 만약 밖으로 상을 형성하면, 그대에게 몇 량의 무거운 것이 있어도, 사람들은 한 번 달아보면 곧 안다. 수행은 안으로 향하는 것이지 밖으로 향하는 것이 아니다. 남이 느끼지 못하게 해야 하며, 그러면 우리도 편안한 마음으로 도를 잘 닦을 수 있다.

23. 수행은 안으로 수학하는 것이고, 밖으로 추구하는 것이 아니며, 내심(內心)에서 자연적으로 법의 즐거움이 나오며, 바깥 환경이 좋아야 비로소 즐거움이 나오는 것이 아니다. 따라서 자기의 마음을 관조해야 하며, 이 날뛰는 마음으로 하여금 바깥의 환경을 반연하도록 해서는 안 된다. 수행하여 '나는 어떠한 것도 없다'는 경지에 이르러야 비로소 착실하게 수행하는 것이다.

24. 염불하면서 만약 다시 지혜 열기를 구하거나, 혹은 어떻게 되기를 구하는 생각이 있으면, 이것은 모두 아직 덜된 것이며, 아직 '나'가 있다. 불보살은 모두 얻은 것이 없고, 구하는 바가 없다.

25. 출가인은 바로 육근의 육진에 대한 탐욕을 닦아서 색신의 속박에서 해탈하고, 오온(五蘊)의 색상에 집착하지 않으며, 무상(無相)의 선(禪)을 한다. 만약 유상(有相)에 집착하는 선을 하거나, 혹은 형식적인 공부를 한다면, 아만심을 증장시켜 하나의 나에 집착하여 무엇을 하게 된다. 계율에 따른 자비라야 비로소 진정한 자비다.

26. 총림의 일을 집행하는 사람은 절 규칙의 대

표이며, 무명을 단련하는 선지식이다. 이들은 왕왕 악인의 자태로 시현하여 갖가지 일반적인 사정에 부합하지 않는 요구로써 그대에게 일을 하라고 시키며, 이것은 그대의 분별하는 업식(業識)을 소멸하지 않음이 없으니, 단지 그러한 요구를 따르면, 비로소 번뇌와 성미를 제거할 수 있고, 아만심을 소멸하여 자기를 낮추는 마음을 낼 수 있다. 이렇게 해야 비로소 업장을 소멸하고, 지혜를 열 수 있으며, 바야흐로 진정한 수행의 경계에 이른 것이다.

27. 승천선사(承天禪寺)를 건축하고 있을 때 어느 날 모두가 눈코 뜰 새가 없이 바쁘고 힘든데, 노스님은 놀랍게도 고의로 원래 잘 정리된 큰 상자의 못을 전부 흐트러뜨리고는 제자들에게 말하기를, "너희들은 가서 이 못들을 크기대로 잘 주워넣어라."고 하였다. 당시 제자들의 마음속에서 이런 생각이 솟아올랐다. '아이구, 스승님! 당신은 어째서 하필 모두가 바빠서 힘들어 죽을 때 오셔서 우리들에게 못을 주워라 하십니까?' 그러나 노스님은 정색을 하며 말하였다. "설마 목숨이 다할 때 그대에게 선택할 시간을 주는가?" 제자들은 곧 꿇어앉아 말하였다. "제자 지금 바로 가서 줍겠습니다." 그런 연후 억지로

힘을 내고 정신을 차려서 못을 크기대로 분류하여 넣으니 한밤중이 다되어서야 비로소 정리를 완성하였다. 그런 후 노스님에게 가서 보고하였다. "제자 이미 못을 다 정리하였습니다." 노스님은 도리어 말씀하시기를 "치우는 것도 그대의 일이고, 치우지 않는 것도 그대의 일이네!"

28. 다른 사람이 우리를 보고 말하기를, 자기가 옳든지 그르든지를 막론하고, 여전히 억울해도 모두 "예, 예"하며 대답하고 변명하지 않고 마음속에서 번뇌를 일으키지 않으면, 지혜가 생한다. 만약 이치에 집착하여 남에게 변명하면, 무명이 일어난다.

29. 대중들이 말없이 배척하는 가운데 한 마디의 설명하는 말도 입에서 내지 않고, 불만이나 원망의 마음이 조금도 일어나지 않았다. 이렇게 일 주일을 지난 후 모두는 여전히 노한 눈으로 상대하였지만, 스승님은 여전히 봄바람처럼 부드럽게 대하였다. (지객스님은 광흠스님의 13년간 산속에서 단련한 공부를 시험하기 위하여 일부러 광흠스님이 향과 기름의 돈을 훔쳤다고 거짓말을 퍼뜨렸다.)

30. 만약 다른 사람이 잘못한 일을 우리의 몸에

미루면, 또한 참아야 한다. 이전에 남들이 스승에게 "어떻게 아직 덜 익은 밥을 어찌 사람에게 먹으라고 하는가?"라고 말했지만, 스승은 아무런 변명도 하지 않았다. 이것이야말로 공부이다.

31. 무릇 일을 하는데 있어서 자기가 옳지 않다고 말하며 참회하라고 말해도 번뇌를 일으키지 않으면, 아상(我相)이 없는 것이며, 나쁜 생각이 생기지 않을 것이다.

32. 이전의 사람은 스승이 그대의 공부를 시험하려고 그대에게 신발을 거꾸로 신으라고 시키면, 근기가 있는 사람은 곧 꿇어앉아 스승에게 자비의 가르침을 구하는데, 이것은 지혜있는 사람이다. 어리석은 사람은 억지로 신발을 거꾸로 신는데, 이것은 근기가 없는 사람으로서 무명의 번뇌가 일어나 스승이 옳지 않다고 생각하고, 고의로 괴로움을 찾는다.

33. 어떤 제자가 자기의 아상이 매우 중하다고 생각하고 있었다. 향판으로 맞으면 무명의 습기를 제거하고 아상도 제거할 수 있다는 남들의 말을 들었다. 그러나 만약 다른 사람에게 요구하여 향판을 맞으면, 마음속에 준비가 되어 당연히

맞을 때 번뇌를 내지 않을 것이다. 만약 준비가 없고 주의하지 않을 때 남이 이유도 없이 때리면, 이것이 비로소 시험이며, 비로소 자기의 수행수준과 번뇌를 이해할 수 있을 것이다. 그래서 그는 노스님께 가서 무릎을 꿇고 자비의 가르침을 구하여 아상의 번뇌를 제거하는데 도와주실 것을 청하였다.

노스님은 듣고 "좋아, 좋아, 좋아!"라고 말하였다. 하지만 결코 어떤 행동도 취하지 않았다. 그 제자는 매일 노스님을 찾아가서 요청하였지만, 노스님은 좋다고 말씀하였지만 여전히 어떠한 낌새도 없었으며, 시일이 오래 지나가고 또 절의 사무가 바빠서 그 제자는 점점 그 일을 잊어버렸다.

어느 날 많은 정부관리, 교수, 선생님들이 노스님을 만나뵙기 위해 승천사에 왔으며, 노스님은 그 제자에게 통역을 시켰다. 그 제자는 조사전에 들어가 평상시의 관례대로 합장하고 "아미타불"이라고 하면서 모두와 인사를 하였다. 이때 노스님은 갑자기 이 제자의 동작을 과장되게 따라하였다. 그러면서 또한 합장하고 "아미타불!" 하였다. 이 제자는 이런 모습을 보자 상황이 뭔가 잘못되었음을 느끼고, 재빨리 노스님 앞에 꿇어앉았다. 노스님이 말하였다. "이렇게 많은 재가불자들이 이곳에 있는데, 그녀는 꿇어앉았는데 남들의 복을 깎으려고 하는가?" 제자는 감히 다시 꿇어앉지 못하고 일어섰다.

노스님이 다시 말하였다. "그대는 대담하네! 감히 스승보다 높이 서다니!" 이렇게 꿇지도 못하고 서지도 못하고, 스승과 같은 높이로 앉는 것도 옳지 않아 정말로 어떻게 해야 좋을지 모르게 하였다.

그날 많은 사람들이 귀의를 요구하였기 때문에 평상시의 관례에 따라 귀의증은 모두 이 제자나 혹은 다른 제자가 노스님을 대신하여 귀의증에 적고 법명을 지어주었는데, 하지만 그날 노스님은 뜻밖에도 모두에게 말하기를, "여러분 보세요! 그녀는 스스로 결정하여 귀의증을 모두 자기가 쓰고 눈에는 스승도 없으니, 마음속 어디에 스승을 존중하는 마음이 있으며, 여러분은 도대체 나에게 청하여 귀의증을 만들려고 합니까, 아니면 그녀에게 청하여 만들려고 합니까?"

제자는 그 말을 듣고는 감히 다시 쓰지 못하고 재빨리 귀의증을 잘 정리하여 노스님 앞으로 보냈다. 그 결과 노스님이 다시 말하였다. "아? 그녀에게 한 두 마디 말했다고 번뇌를 내면서 쓰지 않으려고 하며, 모두 나보고 쓰라고 하는데, 이 많은 것을 내가 어떻게 쓰고, 어떻게 법명을 짓습니까? 법명을 전(傳) 함(鹹: 짜다는 뜻), 전 첨(甛: 달다는 뜻), 전 요(凹: 오목하다는 뜻), 전 철(凸: 볼록하다는 뜻)이라고 지을까?"

말을 하자니 정말 재미있으며, 노스님은 확실히 수행의 공부가 있으며, 사람들에게 법명을 전(傳) 함(鹹: 짜다는 뜻), 전 첨(甛: 달다는 뜻), 전 요(凹: 오목하다는 뜻), 전 철(凸: 볼록하다는 뜻)이라고 지어주니, 그들도 모두 즐거워하였다.

이 제자는 당시 이래도 안 되고, 저래도 옳지 않음을 보고, 눈물을 참지 못하고 흘렸다. 노스님은 다시 대중들에게 말하였다. "여러분 보세요! 그녀에게 한 두 마디 말했다고 바로 눈물을 흘리면서 여러분이 그녀를 가련하다고 말해주기를 바라고 있어요!"

눈물을 흘려도 안 되어 할 수 없이 눈을 감고 깊이 한 호흡을 하며 염불하면서 사유하고 관상하기 시작하였다. 즉 나를 욕하는 '너(당신)'가 없으며, 또한 당신에게 욕을 먹는 '나'도 없으며, 또한 '당신이 욕하는 말'도 없다.

마침내 노스님은 다시 말하였다. "여러분 보세요! 그녀는 저곳에서 눈은 코를 관하고, 코를 마음은 보면서 수행이 많이 된 척하는 모습을 보이고 있어요!" 현장에 있던 사람들은 모두 영문도 모르는 말을 들으면서 줄곧 그녀 한 사람을 보고 있었다.

제자가 된 사람의 마음속으로는 어떤 구멍을 찾아 들어가고 싶거나, 도망가고 싶은 생각이 막 올라오려는 순간 노스님이 다시 말하였다. "어디로 도망가려고? 그곳에 그대로 있어!"

정말로 마음이 일어나면 틀리고, 생각이 움직이면 어긋나며, 어찌할 바를 모르는 가운데서도 참아야 한다. 그러나 손님이 모인 시간이 지나가자, 노스님은 예상치도 않게 마치 아무런 일도 발생하지 않은 것처럼 평정(平靜)하고 웃으시곤 하였으며, 아울러 우유를 가지고 와서 이 제자에게 주면서 말하였다. "자네 이것 마셔!"

오후에 이르러 손님이 모이자 노스님은 다시 오전과 같이 이것도 옳지 않고, 저것도 틀렸다고 하시면서 흠을 잡는데, 어찌해야 할지를 알 수 없게 하였다. 그러나 손님이 모인 시간이 지나가면, 다시 아무 일도 없는 것처럼 하였다.

이 제자는 회상하였다. '그날 온종일 도대체 무엇을 잘못했는지 실제로 생각나지 않았으며, 스승은 왜 일마다 욕을 하셨는지 알 수 없었다.' 화나는 마음이 일어나 마음속으로 생각하였다. '내 가서 물어봐야겠어, 도대체 어디가 잘못되었는지?' 그녀는 이렇게 생각하고 방장실에 가서 문을 두드리고 들어가자, 노스님은 그녀가 들어

오는 것을 보시고, 일부러 놀라는 표정을 지으시면서 손으로 가슴을 치면서 말씀하였다. "나보고 자기 '아상(我相)'의 번뇌를 제거하게 도와달라고 해서, 비로소 그대에게 한 두 마디 했더니, 따지려고 왔군! 만약 향판으로 때렸으면, 어찌 경찰을 부르지 않겠는가?"

그 제자는 이때 비로소 원래 노스님은 자비심으로 자기의 요청에 응하신 것임을 크게 깨달았다.

34. 수행인은 만나는 경계가 나쁠수록 더 좋으며, 출가는 재가와 같지 않다. 출가하였으면 고생할수록 더 좋다. 수행의 길에서 세속과 같지 않은 것이 많은데, 옳고 그름을 다투는 것이 아니다. 이전에 두 제자가 좌선을 하는데, 한 제자는 장엄하게 앉아 좌선하고, 한 제자는 앉은 자세가 바르지 못하였다. 그러나 스승은 매를 들고 바르게 좌선을 잘하는 제자를 때렸다. 만약 지금의 사람이라면 곧 성내는 마음이 나오고 번뇌를 일으켰을 것이나, 그 제자는 참회하며 스승에게 가르침을 청하였다. 수행은 옳고 그름을 다투는 것이 아니고, 이러한 공부가 있어서 남이 그대가 옳지 않다고 말해도, 그대는 받아들일 수 있어야 한다.

35. 출가는 재가와 같지 않아서 출가는 옳고 그름을 말하지 않으며, 옳아도 받아들이고 틀려도 받아들인다. 만약 이와 같이 인욕할 수 있으면, 서서히 아상(我相)을 제거할 수 있을 것이다.

36. 출가인은 인욕해야 하고, 무아(無我)를 닦아야 한다. 만약 나가 없으면[無我], 다툼이 없으며[無諍], 또한 누가 좋고 나쁜지를 분별하지 않는다. 많은 사람을 마치 한 사람을 대하듯이 분별하지 않고 동일하게 보며, 나는 옳고 그는 그르다라고 계교하지 않는다. 만약 하나의 '나'가 있으면, 문제가 있는 일들이 많아진다.

37. 다른 사람이 우리에게 좋지 않다고 말해도 화를 내거나 견디기 힘들어 할 필요가 없으며, 우리가 좋다고 말해도 기뻐할 필요도 없다. 이것은 좋지 않음 가운데 좋음이 있고, 좋음 가운데 나쁨이 있다.

38. 자기를 장엄한다는 것은 무엇인가? 무명을 일으키지 않는 것을 장엄이라고 이름한다. 안으로 겸손하고 자기를 낮추며, 자비를 함양하고, 행동에 위의(威儀)가 있는 것을 장엄이라고 이름한다.

39. 아집(我執)을 제거하는 데는 거친 옷과 담박한 식사로부터 행하고, 욕망을 담박하게 하며, 분별하지 말아야 한다. 즉 아상, 인상, 중생상, 수자상이 없어야 한다.

40. 한 사람이 만약 생활을 더욱 누리려고 잘 먹고, 잘 입으면, 아만의 개성을 조장할 수 있다. 개인의 조건이 더욱 우월할수록 아상은 더욱 드러난다.

41. 번뇌가 비록 텅 빈 성질이고, 본래 스스로의 본체가 없으며, 한바탕 부는 바람과 같아서 오는 그림자도 없고 가는 방향도 없으며, 그것을 잡을 수 없을지라도, 그러나 단지 마음속에 번뇌가 있으면 반드시 자재하지 못하다. 따라서 수행은 바로 '마음속에 아무 일이 없음'과 '나는 어떠하다'는 생각이 없음을 닦는 것이다.

42. 수행은 남을 이롭게 해야 한다. 왜냐하면 다른 사람을 이롭게 하는 것이 바로 자기를 이롭게 하기 때문이다. 이렇게 해야 비로소 우리는 남과 나의 한계를 벗어날 수 있고, 아상의 집착과 전도된 꿈같은 생각, 탐욕, 분노, 어리석음 등을 멀리 떠날 수 있다. 그리고 그러한 아상이

불러일으킨 갖가지의 번뇌에서도 점점 해탈을 얻을 수 있으며, 자성 가운데의 무량한 삼매가 자연히 열려 나타날 것이다. 또한 오직 이러하다면, 모든 것은 이타를 전제로 삼고, 중생의 고통과 재난을 제도하는 것으로 본래의 마음가짐으로 삼으면, 자신은 일없음[無事]을 얻고, 마음은 점점 넓고 광대해질 것이다.

43. 우리가 북을 칠 때, "공적인 일을 하고, 공적인 일을 다 한 후 사적인 일을 하라."라고 염송하는데, 바로 남이 힘들고 나는 편안하면 안 된다는 것이다. 다시 자기는 염불하고 절하고 송경하기를 도모하는데, 이런 일들은 개인의 일에 속한다. 만약 공적인 일에 발심하지 않으면, 오로지 이기적으로 되어 단지 자기의 염불, 절을 돌아보게 되며, 이러한 수행은 곧 아상을 집착하는 것이며, 심지가 더욱 좁아져 한평생 해탈할 수 없다.

그와 반대로 몸과 마음을 상주(사찰)에 봉사하여 여러 사람을 위하여 모든 공덕을 짓고 다른 사람이 이익을 얻도록 하면, 비록 절하고 송경하는 시간이 없지만, 일체의 경장(經藏)은 이미 그 가운데에 있으니 지혜는 점점 열리고, 마음과 가슴은 점점 넓어진다.

44. 수행인은 '남의 공양을 받으려는' 생각을 가져서는 안 되며, 이러한 생각이 있으면 바로 탐하는 마음이고, 아상이다. 그러므로 겸허(謙虛)하고 하심(下心)해야 비로소 아상을 제거할 수 있다. 평상심으로 수행하는 것이 바로 계·정·혜를 닦는 것이다.

45. 무슨 일이든지 놓아버리는 것을 배워야 하고, 집착해서는 안 되며, 일마다 마음에 기억하고 걱정해서는 안 된다. 자기가 생사를 벗어나는 것이 중요한 일이며, 다른 사람이 무슨 극을 연출하든지 상관할 필요가 없다. 그렇지 않으면, 자기는 번뇌를 따라가서 함께 삼악도에 떨어질 것이다.

46. 스승의 말에 따라 수행하여 한편으로 일하고 한편으로 염불하면서 아집(我執)과 법집(法執)을 제거하면, 비로소 지혜가 열릴 것이다. 지혜는 색상이 없는 것으로서 잡으려고 해도 잡을 수 없다. 지혜가 열릴 때는 자기도 알지 못하며, 일을 만나 한 번 움직이면 곧 어떻게 처리해야 할지를 알게 되는데, 이것이 비로소 지혜이다.

일심으로 염불하는데 있어서
가장 중요한 것은 인욕할 수 있어야 하며,
눈에 거슬리는 무슨 일이든지 눈을 감고,
귀를 막아서 보지 않고 듣지 않은 척하고,
보고도 못 본척해야 할 것이다.
사람을 대함에 부드러운 얼굴로 하며,
다시 어떻게 말해도 수행은
바로 '인욕忍辱' 이 두 글자이다.
－광흠 노스님 법어록

제15장 인욕의 의의(意義)

1. 과거의 불보살은 모두 힘들게 수행하셨으며, 어떤 분은 몇 생을, 어떤 분은 몇 겁을 힘든 수행을 하셨다. 생활은 담박하고, 망령되게 조작하지 않으셨다. 그래서 깨닫고 생사를 마칠 수 있었다. 지금의 사람은 대부분 힘든 일을 하지 않으려고 하며, 불보살이 불법을 위하여 목숨을 버린 도리를 믿지도 못한다. 그래서 도에 들어가기가 매우 어렵다.

2. 불법을 배우려면 관음보살, 보현보살, 지장보살 같은 분의 서원력을 가져야 하며, 남들이 하지 않으려고 하는 일을 하고, 남들이 하지 않으려는 고생을 한다. 이러해야 비로소 닦을 도가 있다. 부처를 이루고 보살이 되신 분들은 왕왕 남들에게 어리석은 사람이 성취하는 것을 보게 한다.

3. 힘든 수행을 하는 것은 이러한 원력을 배양하는 것이며, 이 원력이 있는지 없는지를 본다.

업장이 적은 사람은 원력이 곧 발해져 나오며, 모든 불보살이 도를 이루는 것은 바로 이 서원(誓願)에 의한 것이다.

4. 불보살은 모두 힘든 수행을 통한 것이며, 무슨 인재를 선발하여 불학원에 가서 공부를 해야 비로소 성취할 수 있는 것이 아니다. 불보살은 모두 힘든 수행으로부터 닦아서 체험하고 연마해서 나온 것이다.

5. 저녁 무렵 노스님은 대웅전 밖에서 더위를 식히고 있는데, 젊은 사람 한 명이 산에 와서 노스님과 그의 가정사에 관하여 한담을 하였다. 그 사람이 간 후 노스님은 곧 기회를 이용하여 가까이 있던 제자들에게 말씀하였다. "부모의 곁에서 빠져있는 사람은 마침내 (올바른) 사람으로 성장하지 못하며, 그러나 부모의 총애를 떠나 바깥에서 분주하게 사는 사람들은 오히려 대인(大人)의 기백을 단련하여 이룰 수 있다. 마치 어미 원숭이의 품속에 빠져있는 어린 원숭이는 어떤 때 어미의 포옹으로 숨이 막혀 죽는 것과 같다. 그러나 독립해서 숲속에서 뛰어노는 어린 원숭이는 도리어 잘 살아간다. 수행은 가장 힘들고, 가장 좋지 않은 환경에서 더욱 인욕을 닦을 수

있고, 더욱 경계의 간섭과 단련이 있어야 비로소 가장 좋은 수행환경이다."

6. 출가의 밥을 안정되게 먹으려고 하면, 마땅히 절실하게 고행을 해야 한다.

7. 지금 출가인으로서 고생하는 사람은 매우 적으며, 출가인은 천신만고로 생사해탈을 구해야 하는 것을 모른다. 지금 출가인은 무엇 때문에 도를 닦아야 하며, 어떻게 닦아야 하는지도 모른다. 수도인은 고생을 하며, 행하기 어려운 것을 행하고, 참기 어려운 것을 참을 수 있어야, 비로소 도를 이룰 수 있다. 지금 사람은 이와 같은 것을 모르니, 고생을 두려워하고, 구속을 두려워하므로 곧 자기의 절을 지으러 가는데, 결과적으로 대중을 통리(統理)할 수 없으며, 실제로 자기도 아직 자기를 제도할 줄 모르는데, 어떻게 남을 제도할 수 있겠는가? 고생하려고 와서 수행해야지, 누리려고 와서 출가해서는 안 될 것이다.

8. 출가는 열악한 환경에서 수행해야 하며, 좋고 즐거운 순경(順境)은 이미 배울 필요가 없다. 닦는 것은 바로 이러한 나쁘고 열악한 것을 닦는

것이며, 이러한 거스르는 인연은 우리의 지혜와 지식을 계발하고, 우리의 인욕행을 성취하며, 우리가 곳곳에서 걸림이 없게 할 것이다. 우리의 지혜가 발전하여 어느 정도에 이르게 될 때 어느 정도의 번뇌는 조복할 수 있다. 따라서 수행할 줄 아는 사람은 더욱 역경(逆境) 가운데서 닦기를 좋아한다.

9. 수행은 바로 우리의 인내성을 닦는 것이며, 이러한 갖가지의 역경을 닦아서 모든 일에 참을 수 있어야 비로소 수행이다. 편안하고 뜻에 맞는 경계는 무슨 닦을 것이 있겠는가? 바로 거스르는 환경에서 갈고 닦아야 하며, 모든 일에서 다른 사람의 뜻을 따르고 일마다 인욕해야 최후에는 좋은 점이 있을 것이다. 만약 다시 나는 옳고 남은 그르다고 분별하면, 번뇌가 곧 올라올 것이다.

10. 출가는 바로 인욕을 닦아야 하는 것이며, 만약 남과 나, 옳고 그름을 계교하면 여전히 생사와 번뇌의 세속 상황에 속하는 것이고, 출가의 해탈경계가 아니다. 무릇 일에 있어서 인욕을 행하는 사람은 지혜가 점차 밝아지고, 일을 만나면 지혜가 통하여 어떻게 해야 할지를 알게 된다.

이른바 지혜가 바다같이 되는 것은 곧 인욕 가운데서 갈고 닦아서 나오는 것이며, 이것으로부터 더욱 신통이 나올 수 있다. 고행으로 원만함을 닦는 사람은 그의 마음에 자기 자성의 신령스런 광명이 비치고, 과거의 일이 비춰 나올 것이다.

11. 고행을 닦는 것이 망념을 닦는 가장 좋은 방법이며, 그리고 우리가 수행하여 고통이 즐거움으로 변화될 때, 자연히 모든 일에 밝아져서 통달하지 못함이 없고, 지혜가 크게 열릴 것이다.

12. 고행을 닦는 것은 바로 두뇌를 씻고 종자를 바꾸는 것이다. 즉 탐진치(貪瞋痴)의 범부종자를 씻어 자비희사(慈悲喜捨)의 불보살(佛菩薩)종자로 바꾸는 것이다.

13. 인욕은 수행의 근본이며, 계(戒) 가운데서도 인욕으로 제일의 도로 삼으며, 인욕은 가장 큰 복덕을 닦는 곳이다. 인욕을 행하는 사람은 복의 과보가 가장 크며, 또한 정력(定力)을 증가시키고 업장을 소멸하며, 지혜를 열다.
　재가인의 습성은 모든 일에 있어서 시비, 곡

직, 잘잘못을 분별하고, 길고 짧음을 다툰다. 악한 마음이 서로 향하고 입에서 나오는 말이 칼과 같이 날카로우나, 출가의 법은 같지 않다. 출가인은 인욕으로 근본을 삼고, 자비를 가슴에 품으며, 일에 있어서 시비(是非)와 곡직(曲直)을 분별함이 없고, 심지어 무리한 일도 자비의 마음으로 완곡하게 돌리며, 인욕과 손해봄을 배우고, 일체를 포용하는 것이 비로소 출가인의 덕(德)과 도량(度量)이다.

14. 우리가 고행을 닦는 것은 바로 업장을 소멸하기 위함이다. 그러므로 자기의 언행에 대하여 응당 많은 주의를 해야 한다. 그렇지 않으면 업장을 가지고 와서 다시 업장을 가지고 갈 것이다.

15. "고생을 하는 것은 고생을 마치는 것이며, 참을 수 있어야 비로소 복이 생긴다." 우리가 수행을 하면서 고행을 하는 것이 얼마인가에 따라 그치는 업이 얼마인가가 정해진다. 하지만 우리가 수행에 힘쓰는 정도에 따라 정해진다. 따라서 복의 과보는 자기가 닦아서 오는 것이지, 밖에서 구해올 수 있는 것이 아니다.

16. 힘들게 수행을 해야 비로소 지혜, 부처의 과보, 복의 과보를 얻을 수 있다. 부처의 과보는 우리가 직접 생하는 환희심과 공경심을 다른 사람들이 보는 것이다. 복의 과보는 인간의 공양이며, 하지만 복을 아껴야 하고, 너무 사치하면 안 된다. 비록 복의 과보가 있어도 도량(度量)이 있어야 하며, 좋은 것은 다른 사람에게 주고 집착하면 안 된다.

17. 다른 사람의 행위가 좋아도, 우리의 마음속에서 좋아하고 탐착하는 마음을 일으키지 않고, 행위가 좋지 않아도 미워하고 싫어하는 마음을 일으키지 말고, 이 마음을 참고 인내하여 번뇌를 일으키지 않아야 할 것이다. 다른 사람이 좋지 않은 것은 그 사람의 습기로서 그 사람의 일이다. 만약 우리가 그것을 가지고 번뇌를 일으키는 것은 바로 자기의 어리석음이다. 이러면 사정이 좋든 나쁘든 이 마음을 움직이지 않고 유지할 수 있으면, 그것이 바로 인욕이다. 이러한 관문을 돌파할 수 있으면, 이후 어떤 일을 만나든지 비교적 번뇌를 일으키지 않을 것이다. 이 점을 잘 배워야 하고, 잘 연마하면, 업장은 자연히 소멸되고, 신체도 자연히 좋아질 것이다.

18. 일심으로 염불하는데 있어서 가장 중요한 것은 인욕할 수 있어야 하며, 눈에 거슬리는 무슨 일이든지 눈을 감고, 귀를 막아서 보지 않고 듣지 않은 척하고, 보고도 못 본척해야 할 것이다. 사람을 대함에 부드러운 얼굴로 하며, 다시 어떻게 말해도 수행은 바로 '인욕' 이 두 글자이다.

19. 매 사람마다 뱃속 가득 번뇌가 차 있으며, 이전에 대륙에서 더욱 수행이 있거나, 근기가 있는 사람을 보면, 특별히 그를 시험하기 위하여 고의로 무리한 태도로써 그를 자극하고, 혹은 어떤 때는 그가 일을 빨리 잘 마치면 기어이 다시 가서 파괴하거나, 혹은 그를 때리기도 하면서 근기가 어디까지인지를 보고 시험하기도 하였다. 그렇지 않으면 근기가 없는 사람에게 쓸데없이 번뇌를 증가시키기도 하였다.

20. 출가하여 중요한 것은 이 연극에서 인욕을 연출하는데 있으며, 이것을 잘 연극하여 넘어가면, 바로 불보살이다.

21. 고행 가운데서 단련하여 나온 자재한 해탈이라야 비로소 진정한 자성의 서방극락의 경계

이며, 이로부터 벗어나 직접 서방극락에 왕생하는 이것이 궁극적인 것이다. 이 마음이 편안해야 어디를 가든지 편안할 수 있으며, 이 마음이 편안할 수 없으면 천당에 가더라도 편안할 수 없다.

22. 출가 후에는 무슨 일을 하든지 모두 인욕이 중요하며, 우리에게 말할 수 있는 사람은 모두 우리의 길 안내자이다. 그들이 없으면 우리는 진보할 수 없고 성취할 수 없을 것이다.

23. 수행의 노정에서 더욱 힘들수록 지혜를 열 수 있으며, 다른 사람이 우리에게 잘 대해주기를 바라는 것이 아니다. 그렇지 않으면 세속과 다를 것이 없다.

24. 수행하여 정념이 분명할 때 귀로 좋은 소리 나쁜 소리를 들어도, 좋은 소리를 따르지 않고 나쁜 소리를 가지고 수행할 수 있을 것이다.

25. 무슨 일을 하든지 고행을 닦는 것으로 삼을 수 있는가? 바로 모든 것을 계교하지 않는 것이다. 일상생활에서 분별을 일으키지 않는 것이 바로 고행을 닦는 것이다.

26. 고행을 닦는 것은 바로 일체의 거칠고 천한 일에 대하여 분별함이 없이 하는 것이다. 주요한 것은 우리의 오기(傲氣)를 갈고 업장을 소멸하는 것이다. 고통이 있어야 비로소 잘 닦을 행이 있으며, 고통이 없으면 말할만한 도행이 없다.

27. 고행은 결코 간단한 것이 아니며, 고행을 닦는 것은 마음을 닦는데 있으며, 하나하나의 일마다 세심하게 하고, 적합하게 할 줄 알아야 한다. 그러나 매 일마다 모두 고행하는 것은 아니며, 결과적으로 매 일마다 잘하지 못한다. 아직 잘하지 못하지만, 그대를 위해 한 번 일을 해주면 도리어 더욱 어지럽다.

28. 고행을 닦는 것은 일을 많이 하는 것이 아니고, 일을 하는 것은 자기의 마음을 갈고 수련하는 것이다. 일을 하는데 급하게 하면 안 되고 천천히 해야 하며, 오래 하다보면 자연히 익숙하게 되고, 곧 지혜를 열 수 있을 것이다. 마땅히 일을 어떻게 해야 하는 것은 억지로 머리를 짜내서 어떻게 할 것인지를 생각하는 것이 아니라, 한 번 보면 곧 저절로 어떻게 해야 할 것인지를 알게 된다. (스승은 5, 6인이 하루에 쪼갤 땔나무를 한 시간에 다 할 수 있다.)

29. 고행은 간단한 것이 아니고, 줄곧 일을 하는 것이 아니며, 줄곧 일을 하는 것도 방법이 아니며, 줄곧 일을 끝까지 늦추는 것도 늦추는 것이지만, 그대가 움직일 수 없을 때까지 억지로 일을 하는 것이 아니라, 오직 전심전력으로 일을 하는 것이다. 고행은 머리를 씻어서 망상을 감소시켜야 하며, 그렇지 않으면 그대에게 조용히 앉아 그곳에서 염불하게 시켜도 그대는 앉아있지 못한다.

30. 고행은 우리가 움직일 수 없을 정도로 억지로 일을 하라고 말하는 것이 아니라, 이 원력 즉, 어려운 행을 능히 행하고, 참기 어려운 것을 참을 수 있는 것이다. 남들이 먹지 않은 것을 나는 먹을 수 있고, 남들이 할 수 없는 것을 나는 할 수 있는 것이다.

31. 망상을 감소시키는 것이 바로 그대의 업을 소멸하는 것이다. 중생이 윤회하는 원인은 바로 망상으로 인한 것이다. 따라서 이 고행 가운데의 고통 속에 그대에게 좋은 점이 많이 있다. 하지만 그대도 느끼지 못하며 단지 힘들고 괴롭다고만 느낀다. 이 사람의 몸은 인연으로 태어나므로 오늘 출가하여 정성스런 마음을 발하고, 진정으

로 도를 위하여 생사를 벗어나려고 해야 한다. 마음은 어떻게 장엄해야 하는가 하면, 바로 규칙으로 구속해야 비로소 천천히 저절로 (자기의 마음을) 장엄할 수 있다.

행복과 불행은
모두 내가 짓고 내가 받는 것.
내가 지은 과보를 받을 것이라면
걱정한다고 해결될 인인가?
오직 나무아미타불 염불로
모든 근심 걱정 몰록 내려놓고
발보리심 일향전념 나무아미타불
해 나간가면 날마다 좋은 날,
왕생성불의 호시절이 올 것입니다.
– 무수옹無愁翁

제16장 경계를 빌려 마음을 단련하다

1. 스승은 객실에서 모모스님에게 말씀하였다. "고행을 닦는 것은 괴로움 가운데서 닦을수록 더욱 괴롭다고 느끼지 않으며, 그리고 점점 즐겁고 홀가분하다고 느끼며, 결코 일을 한다고 느끼지 않는다. 이것이 바로 업장이 점점 소멸되는 것이다. 만약 일을 할수록 더욱 고통과 번민을 느끼면, 그것은 바로 업장이 비트는 것이다.

불보살은 많이 괴롭다고 생각하지 않아야 하며, 불보살은 이미 괴로움 가운데서 갈고 닦아 업장이 소멸되어 괴로운 느낌이 없으며, 무슨 일을 하든지 이미 경쾌하고 자재하여 무엇을 하고 있다고 느끼지 않으며, 또한 자기가 중생을 제도한다고 느끼지 않는다.

2. 출가한 사람은 옛날 조사들이 고행을 닦은 것을 배울 수 있어야 장래 곤경에서 빠져나오는 날이 있을 것이다. 총림에서 모두와 함께 힘들게 땔나무를 하고 물을 길으면, 다른 사람의 존경을 받을 수 있을 것이며, 근검절약하고 힘들게 일을

- 121 -

하는 가운데서 단련해야 비로소 도업(道業)에서 성취를 할 수 있다.

3. 새로 출가한 사람은 마땅히 일단의 고행을 닦아야 한다고 나는 생각한다. 즉 거친 옷을 입고 담백한 식사를 하며, 힘든 일을 하고, 땔나무를 하며 물을 길으며 채소를 심고 밥을 하는 일 등을 막론하고, 그대는 모두 해야 하며, 힘든 일을 많이 해야 지혜가 열리기 쉽다.

4. 어느 날 모두는 산 언덕에 가서 일을 하였는데, 정오가 가까이 되어 일을 마무리하고 절로 돌아올 때 마침 점심 공양을 알리는 운판소리가 들렸다. 총림에 사람이 많기 때문에 대중의 공양은 쉽지 않았으며, 평소 먹고 쓰는 것을 아끼므로 국에 영양분이 별로 없으며, 더욱 밭에 가서 힘을 써서 대중들은 모두 배가 고파 어지러울 지경이라 일에 사용하던 도구를 잘 수습하는 것도 잊고 분분히 식당으로 모였다. 스승(광흠 노스님)은 본래 빨리 식당으로 가려고 생각하였으나, (방장이신) 전진(轉塵)상인이 불러 세우고, 모든 공구를 본래의 위치에 가져다 놓게 지시하였다. 당시 스승도 배가 고파 사지가 흔들리고 두 눈에 힘이 없어 한편으로 수습하면서 마음속으

로 줄곧 기분이 별로였다.

그래서 마음속으로 생각하기를 '이렇게 힘든 일을 하고, 이렇게 형편없는 밥을 먹으며, 또한 이렇게 심하게 놀림을 당하는데 무엇 때문에 이곳에 왔는가!' 이렇게 분노의 마음이 한 번 일어나자 아무 것도 돌보지 않고 스님도 하기 싫어 산문 밖으로 나가버렸다.

얼마 멀리 가지 않아서 또 스스로 생각하며 말하였다. "나는 힘들게 수행할 것을 결심한 것은 오로지 생사를 마치고 벗어나기 위함이 아니던가? 오늘 유독 힘든 일 조금 했다고 기분이 상한 것은 어찌 처음의 원을 어기는 것이 아닌가?" 스스로 이러한 말을 통하여 갑자기 의기(意氣)가 솟아올라 힘들고 배고프며 불만스런 생각을 일시에 구름 밖으로 전부 던져버렸다.

이어서 전진상인에게 가서 명을 기다리니, 상인은 대중을 따라 식당으로 들어갈 것을 허락하며, 아울러 한 마디를 당부하였다. "남들이 먹지 않는 것을 먹으며, 남들이 하지 못하는 것을 하면, 이후에 그대는 곧 알게 될 것이다." 그날 이후로 스승은 더욱 힘들게 스스로를 격려하여 물러나려는 마음을 감히 일으키지 않았다.

스승은 어려서부터 (학교) 교육을 받지 않았기 때문에 아는 글자가 얼마 안 된다. 그래서 경을 강의하지 못하고 또 법고(法鼓)를 치며 불교의식을 염송하지 못하여 자주 남들이 부끄러워하지 않는 것을 스스로 고민하였다. 마음으로 생각하기를 '비록 적게 먹고 적게 잠자고 적게 입어도, 여전히 위로는 상주(常住: 머무는 절)에 보답할 길이 없고, 아래로는 중생을 교화할 방법이 없구나.'

그래서 복을 심기로 결심하고 매일 대중을 위하여 밥을 담아 올리고 모두가 다 먹은 연후에 탁자에 흘렸거나 바닥에 떨어진 밥알을 주어서 다시 씻지도 않고 곧 먹었다. 만약 멀리서 대덕, 고승이 오시면, 찻물을 따라주고 세숫물을 올리고, 수건을 건네주고 신발을 닦고, 목욕물을 담거나 하였으며, 혹은 벽돌과 기와를 옮기고 땔나무를 하고, 밥을 하며, 청소하고 물뿌리고, 세탁을 하는 등등의 모든 거칠고 천한 일을 극력 도맡아 하면서 원망하는 말을 하지 않았다.

5. 일반인은 그렇게 힘들게 깊은 산에서 홀로 13년간을 지낸 것을 말할 필요가 없을 것이다. 온갖 기물을 갖춘 집에서 한 사람이 홀로 자기를 대면하며 고독하게 하룻밤을 지키는 것도 매우 힘든 일인데, 하물며 아무리 둘러봐도 사람이 보이지 않는 산의 동굴 속에서 13년 춘추를 앉

아 수행한 일이야 어떻겠는가? 이러한 적막함을
견딜 수 있는 능력은 이미 우리같은 범부 속인
들이 상상할 수 있는 것이 아니며, 안으로 참기
어려운 것을 참을 수 있고, 행하기 어려운 것을
행할 수 있는 마음을 검증하는 노정을 더욱 논
할 수 없을 것이다.

6. 고행을 닦는 사람은 기백을 가지고 원력을
가져야 하며, 힘든 것을 겁내지 않고 각종 경계
와 인연을 만나 친히 그 가운데서 갈고 단련해
야 비로소 실제의 정황을 알게 되고, 지혜가 비
로소 밝아질 수 있으며, 일을 만나 비로소 걸림
이 없을 수 있다. 그렇지 않고 원력이 없으며 힘
든 것을 두려워하여 이것도 겁나고 저것도 두려
운 사람은 몸과 마음이 모두 속박되니, 지혜가
어떻게 열릴 수 있겠는가?

  그밖에 우리는 반드시 다른 사람의 비평을 겁
내지 않는 기백을 가져야 하며, 단지 마음이 바
르면 비뚤게 가는 것을 두려워하지 않으며, 설령
다른 사람이 비뚤게 가더라도 그 영향을 받지
않을 것이다. 만약 한 사람이 일을 하면서 이것
도 겁내고 저것도 두려워하여 다른 사람의 비평
을 겁내면, 남들이 사사로이 자기를 거론하는 것
을 보면 마음이 불안하고 의심이 일어나, 남들이

자기를 어떻다고 말한다고 생각하게 된다. 그것
은 식견(識見)이 없고 전망이 없는 사람이다.

7. 수행은 고행을 해야 하며, 고행을 하다보면
지혜가 열릴 것이다. 고행을 하는 데는 모든 것
을 배워야 하며, 이후 만약 어떤 사람이 그대에
게 원주나 주지를 맡기면, 할 수 있으며, 비로소
사람들을 영도할 수 있다. 만약 수행하여 그러한
정도에 이르러야 남들이 그대를 청하여 원주나
주지를 하게 할 것이며, 그대도 거절할 생각을
하지 않을 것이다. 그때 자기 스스로 고요함을
유지해야 하며, 무엇을 하려는 생각을 가지지 않
을 것이다. 사람은 20세에 한번 변하며, 백세에
이르러도 모두 같지 않으며, 한 사람이 하나씩
변해도 최후에는 모두 같지 않다. 만약 두 개의
과정에 따라 행할 수 있으면, 그 가운데의 의미
를 깊이 얻을 것이며, 서방극락에 가면 문제가
없으니, 하물며 경을 강의하고 법을 설하는 것을
모두 할 줄 아는 사람이야 어떻겠는가! 발원해야
한다. 원이 있어야 가서 행한다. 만약 원력이 있
으면, 부처님도 그대가 가서 되는 것이다.

8. 어떤 여성 제자는 자주 일을 처리하기 위하
여 산을 내려갈 필요가 있었으며, 교통이 불편하

였기 때문에 차 운전을 배우려고 노스님께 물었다. "스님, 출가인이 운전을 배우는 것은 좋지 않습니까?" 노스님이 답하였다. "좋지 않네. 허운 노스님은 간단한 물건을 가진 채 산을 참배하였으며, 먹을 식사가 있어도 없는 듯이 지냈다. 그분에게 이런 원이 있었기 때문에 괴로움을 견딜 수 있었으며, 우리는 이러한 원이 없으므로 고통을 견딜 수 없다."
(노스님은 이런 법문을 하신 적이 있다. 지금 속세는 모든 것이 편리하지만, 수행은 반드시 조사님들의 수행방법을 본받아야 비로소 생사를 마칠 수 있다.)

9. 우리가 고행을 닦는 것은 각종 일과 경계를 빌려 무명 번뇌를 일으키지 않는 것을 단련하며, 습기를 씻어 제거하고, 사람이 되고 일을 하는데 각가지의 인내심을 단련하는 것이지, 결코 무슨 힘든 일을 해야 비로소 고행을 하는 것이 아니다. 모든 순경계와 역경계에 대한 분별을 타파하는 것이 바로 고행을 닦는 것이다. 출가는 바로 고통을 견디고 고통을 받아들여야 하며, 단지 고통 가운데서 비로소 지혜를 열 수 있다.

10. 수행은 매우 어려우며, 더욱이 그것을 견디는 인내심은 더욱 어렵다. 일 주일, 2주일, 일

개월 심지어 일 년, 삼 년을 참는 것은 쉽지만, 일생 중에 인욕하는 것은 실로 간단하지 않다.

11. 출가인의 의식주는 담박해야 한다. 마치 바보와 같이 눈으로는 보지 않은 척하고, 귀로는 듣지 않은 척해야 한다. 이렇게 수행하면 위타(韋馱)보살은 그대를 옹호할 것이다. 그대가 어디를 가든지 사람들은 그대를 부처님과 같이 볼 것이고, 도량을 건립하면 곧 옹호하는 사람이 있게 된다.

12. 대륙에서 타이완으로 온 스님으로서 나는 가장 이른 편에 속하며, 그러나 나는 가장 어리석은 스님이다. 내가 출가하자 남들은 모두 나를 얕보고 괴롭혔지만, 나는 이것이 가장 좋은 경계라고 생각하고 이러한 경계가 많이 오기를 바랐다. 지금 이렇게 가장 어리석은 사람인 나는 많은 사람들의 예배를 받고 있으니, 나는 매일 아미타불을 향하여 참회한다. 많은 신도들이 이 장엄한 도량에 와서 모두 내가 대단하다고 말하는데, 그들이 돈을 가지고 와서 절을 지었기 때문에 나는 그들이 대단하다고 말한다.

13. 집사(執事)를 맡은 사람은 일하기가 쉽지 않

다. 따라서 집사가 맡기는 일은 좋든 나쁘든 모두 받아들이고 성내는 마음을 내지 않아야 한다. 이렇게 해야 머리가 비교적 맑아진다. 좋은 것은 배우고, 나쁜 것은 한쪽으로 제껴두고, 자기의 마음속으로 이해하면 되며, 이것을 따라 인욕바라밀을 닦는다. 수행은 옳고 그름을 묻지 않으며, 도리가 있고 없음을 묻지 않는다. 이것이 출가와 재가가 다른 점이다.

14. 모든 역량은 모두 정(定)으로부터 생기는 것이며, 하지만 단지 고요함[靜] 가운데서 비로소 정(定)이 나올 수 있다. 한 사람이 안정된 곳에서 정(定)해질 수 있는 것은 정(定)이라고 할 수 없으며, 번뇌가 일어날 때 정(定)해질 수 있어야 비로소 정(定)이라고 할 수 있다.

15. 승천사를 중건하던 시기 건축공사로 한창 바쁜 어느 날 덤프트럭, 포크레인, 공사인부들이 모두 도착하였다. 노스님은 공사를 책임맡은 제자가 바쁘기 시작한다는 것을 아시면서 고의로 그 제자를 불러 말하였다. "그대는 지금 가서 머리깎는 칼을 잘 갈아라." 그 제자는 난처하게 느끼고 마음으로 생각하였다. '공사로 일이 많고 바쁘며, 공사인부들이 모두 기다리고 있는데, 나

에게 가서 머리깍는 칼을 갈도록 하시다니!' 하
지만 스승의 명을 거역하기 어려워 할 수 없이
빨리 가서 갈았으며, 다 갈고 나서 노스님께 보
고하였다. 노스님은 많은 트럭이 그곳에서 기다
리고 있는 일 등에는 조금도 개의치 않고 아무
일도 없는 듯이 한가한 듯이 그의 칼가는 돌을
보자고 하시면서 검사를 하셨다. 노스님은 한 번
보고 말하였다. "이 칼가는 돌은 단지 중간에만
갈고 양 끝에는 안 갈았구만. 보아하니 마음이
평정하지 못하고 힘을 쓴 것이 균일하지 못하고
급하게 갈았네."

그런 연후 다시 이 제자를 돌아가게 하여 다
시 갈게 하였다. 제자가 된 사람으로서 비록 이
것이 노스님의 자비로운 가르침이라는 것을 알
지만, 지금 일이 많아 실제로 스트레스가 컸지
만, 빨리 가서 다시 갈았다. 이번에는 연마석의
양끝을 갈아서 평평하게 하였다. 그런 연후에 다
시 노스님께 가서 검사를 받았으며, 노스님은 한
번 보고 말하였다. "이것은 바로 남에게 보여주
기 위하여, 검사를 받기 위하여 갈아서 양끝을
평평하게 한 것으로서 근본적으로 진정한 마음
씀이 없고 평정한 마음으로 갈지 않았구나!" 제
자는 듣고 꿇어앉아 노스님께 참회하면서 노스
님께 자비하신 가르침을 구하였다. "칼을 가는데

마땅히 어떻게 갈아야 합니까?"

노스님이 말씀하였다. "양손으로 칼을 잡고 마음속으로 염불하며 안정되고 평정하게 연마석의 처음부터 끝까지 힘을 균등하게 주면서 가는데, 한번 가면서 아미타불을 염하고, 일이 얼마나 많고 얼마나 바쁜지를 막론하고 마음이 어지럽지 않아야 할 것이다. 한번 가는데 마다 조금도 차이가 있으면 안 되며, 급하지도 않고 느리지도 않게 갈아야 한다. 왜냐하면 수행은 자기를 위해서 닦는 것이며, 경계를 빌려 마음을 단련하는 것이기 때문이다. 건축공사를 빌려 자기의 마음을 단련해야 하며, 결코 건축공사를 하기 위함이 아니며, 더욱 남에게 보여주기 위함도 아니고, 혹은 남에게 검사를 받기 위함도 아니다."

노스님은 자기의 칼가는 돌을 보여주었는데, 제자가 보니 정말로 탄복할 정도로 평평하고 빛이 날 정도로 잘 갈렸다. 그것은 바로 일상생활 가운데의 일거수일투족이 모두 "정념(正念)"을 잃지 않은 선정력의 표현이다.

16. 스승이 말씀하였다. "서방극락에 왕생하는 사람들은 모두 전일(專一)하게 염불하고, 인욕하고 손해보는 사람들이다."

최상수도법 最上修道法

남의 시비곡직을 논하며
마음속으로 불평과 번뇌를 일으키는 것은
바로 자기의 잘못이고 자기의 허물이다.
다른 사람의 시비곡직是非曲直을 관여치 않고
일체를 참으면, 저절로 마음이 편안하고
아무 일도 없게 되니, 그것이 옳은 것이다.
자기도 허물을 범하지 않으니,
이것이 수행의 첫 번째 도이며,
또한 최상의 수도修道법이다.
스승이 안 계실 때 일과 경계의 연을 만나면,
스승이 말씀하신 교훈, 즉
"참아라! 마음이 편안해지리!"를 기억하라.
이것이 가장 좋은 한 첩의 약이다.

-광흠廣欽 큰스님(1892 - 1986년)

제17장 육근을 모두 거두어들여라

1. 생각은 어디로부터 오는가? 생각은 무명(無明)으로부터 오며, 육근(六根)의 문으로부터 일어난다. 또한 바로 안이비설신(眼耳鼻舌身意)의 육근이 보고 듣고 분별할 때 생각이 온다.

2. 어떤 사람은 한동안 불교를 배운 후 도리어 더욱 많은 번뇌를 내는데, 이것은 업장의 미혹으로 인한 것이다.

3. 불교의 문에 처음 들어온 사람은 마음을 편안히 머물게 해야 하는데, 가장 좋은 방법은 일심으로 "아미타불"을 염하는 것이다.

4. 계행이 청정하면 육근이 오염되지 않으므로 선(禪)에 들어가는 첫 번째의 기초이며, 마치 거북이 머리와 꼬리등을 감추듯이 하여 오염됨이 없는 청정함에 머물러야 한다. 육근이 청정하지 못하면 망념이 존재하고, 무명을 타파하지 못하면 깨달을 방법이 없다. 선원에서 향판으로 때리

는 것은 바로 그대의 무명을 때리는 것이다.

5. 수행에서 가장 우선시해야 하는 것은 원숭이와 말처럼 날뛰는 이 마음을, 마음대로 하려는 이 마음을 거두어 방일하지 않게 하는 것이며, 이것은 쉽지 않다. 그러나 우리는 발원하여 무시이래의 이러한 습기(習氣)와 죄업을 소멸하기 위해서는 용기를 가지고 노력하여 힘들게 수행해야 할 것이다. 하기 어려운 것을 실천해야 하며, 다른 사람이 하기를 원하지 않는 것을 우리는 하려고 해서 자기가 아미타불과 같이 성취하려고 발원해야 한다. 이와 같은 믿음, 발원, 수행을 가지면, 업장은 비로소 소멸될 것이다. 업장이 소멸되면 어떠한 일을 해도 모두 즐거우며, 괴로움을 느끼지 못할 것이며, 비록 사바세계에 머물지라도 마치 서방극락에 있는 경계와 같을 것이다.

6. 우리가 폐관(閉關)수행 하는데, 도대체 이 마음이 폐관하는가, 아니면 이 몸이 폐관하는가? 만약 이 마음이 폐관하려면, 우리의 이 사대육신은 이미 (폐관수행하는 장소로) 충분하며, 만약 이 몸이 복을 누리려면, (사대가 아니라) 오대(五大)라도 모자랄 것이다. 폐관은 육근을 가두어

마음을 닦는 것으로서 지옥에 들어가는 것이 아니다.

7. 자기의 마음을 주의해야 하며, 중요한 것은 마음속에서 환희가 일어나야 하며, 바깥의 환경이 좋기 때문에 기뻐해서는 안 될 것이다. 자기의 마음을 잘 돌보고, 바깥의 경계에 주의해서 안 되며, 내가 어떠하다고 느끼는 마음이 없을 정도로 닦아야 한다.

8. 번뇌는 마치 한바탕의 바람과 같아서 올 때도 그림자가 없고 갈 때도 자취가 없어 잡거나 만질 수 없다. 마음속에 일이 있으면 곧 문제가 생기며, 마음에 일이 없으면 모든 것이 문제가 발생하지 않을 것이다.

9. 수행은 마음을 닦아야 하며, 마음은 어떻게 닦는가? 바로 분별하지 않는 것이며, 집착하지 않고 번뇌하지 않는 것이다. 일반인은 이런 도리를 이해하지 못하고 무릇 일에 있어서 좋고 나쁨을 논하고, 옳고 그름을 분별하고 좋아하고 싫어함을 분별한다. 그러나 우리 수행하는 사람은 옳든지 그르든지 좋든지 나쁘든지를 논하지 않으며, 귀로 듣는 것이든 눈으로 보는 것이든 마

음은 모두 분별과 집착을 일으키면 안 되고, 또한 번뇌를 일으켜도 안 된다. 이렇게 해야 비로소 수행하고 마음을 닦는다고 할 수 있다. 출가인이 만약 하루종일 이 사람은 좋고 저 사람은 나쁘다고 말하고, 옳고 그름을 논한다면, 헛되이 수행의 외적인 모습만 갖춘 것이다. 이것은 몸은 출가했지만 마음은 출가하지 못하여 도와 상응할 수 없을 것이다. 사실 옳고 옳지 않거나, 좋고 좋지 않든지 간에, 단지 우리가 다른 사람이 좋지 않다고 느끼거나, 이것은 옳지 않고 저것은 옳지 않다고 느낀다면, 이것은 우리의 안근(眼根)이 청정하지 못하고, 이근(耳根)이 청정하지 못하여 좋고 나쁨을 분별하는 것이다. 그러나 이러한 '좋고 나쁨을 분별하는' 것이 직접 마음으로 들어가면, 우리로 하여금 번뇌를 일으키게 하여 생사를 마치지 못하게 할 것이다.

10. 어떤 제자가 노스님께 물었다. "스님, 어떤 사람은 저에게 마(魔)가 붙었다고 말합니다?"
　　노스님께서 답하였다. "만약 수행할 줄 알면, 마는 바로 우리의 호법이다. 마도 사람이 짓는 것이다. 사견(邪見)이 바로 마이고, 자극이 바로 마이다. 하지만 만약 인욕이 있으면, 마는 호법이 된다. 향(香)도 마이며, 색성향미촉법(色聲香味

觸法)은 우리로 하여금 불도를 이루지 못하게 한다. 바깥의 경계, 즉 손에 손을 잡고 오는 연인, 여행객이 큰 마이다.”

11. 다른 사람의 말을 함부로 듣지 말아야 한다. 이것저것을 듣다 보면 어떤 것이 옳은지를 모르고, 자기의 마음에 중심이 없어 도리어 산란심을 이루기 쉽고, 곧 망상을 이루며, 번뇌는 그것으로 인하여 일어난다.

12. 전(傳)모 스님은 대중들의 옳고 그름에 대하여 상당히 신경을 쓴다. 아침 일찍 대중들이 아직 마당을 쓸고 청소하고 있는데 대웅전에서 사람들 사이를 빈번하게 드나들면서 이것을 말하거나 저것을 듣고 있다. 노스님은 객실에서 앉아 조용히 보고 있다가 곧 전모 스님에게 법문하였다.
　“공부가 있는 사람은 귀로 다른 사람의 시비를 듣지 않고, 눈으로 다른 사람의 선악을 보지 않는다. 남들이 우리를 훼방하거나, 우리를 나쁜 사람, 착한 사람이라고 욕하더라도, 모두 듣지 않고 보지 않은 것처럼 여기면서 육근을 수섭(收攝)하여 밖으로 마음이 치달리지 않는다. 단지 공부가 없는 사람들은 온종일 타인의 시비를 엿

보면서 지나치게 따진다."

13. 우리가 타인의 시비를 논할 때 타인이 그르고 내가 옳다는 사실이 아니라, 우리의 이근, 안근이 바깥의 사물을 받아들여 분별하여 스스로 공덕의 재물을 스스로 겁탈하고 있는 것이다. 우리의 수행은 바로 육근의 문을 지켜서 그것이 소리와 형상에서 따라가지 않도록 해야 한다. 그러면 번뇌는 (육근의) 문을 들어올 수 없다. 시시각각 육근의 문을 단단히 막아서 귀는 귀머거리처럼 가장하여 들어도 듣지 못한 것처럼 하고, 눈은 소경처럼 가장하여 보아도 보이지 않는 것처럼 할 것이다. 코로는 향기와 악취를 구별하지 않고, 입으로는 맛이 거칠고 정미한 것을 고르지 않고, 귀로는 아름다운 소리를 탐하지 않고, 눈으로는 좋은 경계를 탐하지 않는다. 스스로 집의 문을 걸어잠그고(즉 자기 집의 육근의 문을 잠그고) 전심으로 염불하고 절하며 경을 보고 정좌(靜坐)하면서 자신의 공부를 졸라매면, 어디에 바깥으로 반연(攀緣)하는 한가한 정이 있겠는가?

14. 출가인은 정념(正念)이 있지만, 사회인은 없다. 행주좌와에 불도(佛道)를 깨닫고 체험해야, 비로소 시간을 헛되이 보내지 않을 것이다. 불도

를 체험하면 나쁜 생각이 비로소 들어올 수 없을 것이다. 만약 정념이 없으면, 입으로 비록 말하지 않아도 마음속으로는 도리어 생각하게 된다.

15. 급한 성질은 무명을 일으키고, 단전(丹田)도 힘이 없을 것이다.

16. 하루 종일 나쁜 생각이면 정념이 없다. 색상이 있는 물건을 생각하지 말고 색상이 없는 것을 생각해야 한다.

17. 원(願)을 가져야 한다. 원을 가지면 머리가 언제나 좋은 방향으로 향하고 나쁜 방향으로, 즉 산란심, 애정과 이별, 눈, 귀, 코 등등으로 향하지 않는다. 원이 있으면 선근이 나올 것이며, 그렇지 않으면 언제나 추구하게 된다. 우리도 추구하지만 정황을 본다. 만약 불교가 의탁하는 것을 추구하는 것은 괜찮지만, 만약 그렇지 않으면 그 차이는 매우 많을 것이다. 불교 가운데 어떤 사람은 박사학위를 가지고 와서 대중을 관리하려는 것도 쉽지 않은데, 여러분은 자기 스스로 생각해 봐야 할 것이다.

18. 마음속의 나쁜 힘은 비교적 강하며, 좋은 것은 비교적 약하다. 좋은 것은 말하기를 "나는 선하다." 나쁜 것은 말하기를 "나는 큰 선이다." 그것은 모든 것을 첫 번째로 점유하려고 하며, 이렇게 약한 것을 강제로 굴복시키고, 선한 것은 마침내 악한 것에 잡혀가는데, 이러면 가장 좋지 않다.

19. 모모 스님이 물었다. "어떻게 하면 육근의 청정을 얻을 수 있습니까?"

노스님이 답하였다. "우리의 수행은 곧 육근이 육진에 대하여 일으키는 분별과 번뇌를 닦는 것이다. 선악을 분별하고, 좋은 소리와 나쁜 소리 등, 갖가지를 분별하는 것은 바로 육근이 청정하지 못한 것이다. 수행은 바로 이러한 분별과 번뇌를 닦아서 곧바로 육근이 육진에 대하여 분별함이 없어야 비로소 육근이 청정하게 되고, 비로소 오온(五蘊)이 모두 공(空)하게 될 수 있다.

예를 들면, 다른 사람이 그대를 욕하면 그것은 재난을 소멸하는 것이며, 그대에게 좋지 않은 얼굴을 보여주는 것은 '최상의 공양'이므로 분별하지 말고, 마치 지극한 보배를 얻은 것처럼 해야 할 것이다. 주방의 음식에 대하여 만약 맛이 있다거나 없다고 트집을 잡으면, 자기에게 복을 감하게 되고, 도리어 음식을 준비하는 사람에게 복을 증가시킬 것이다. 주방에서 종사하는 사람은 관음보살이 아라한과 싸우는 정신으로 얼마나 많은 사람들이 식사를 하든지 불문하고 언제나 방법을 생각해내야 할 것이다. 수행은 곧 매일의 번뇌를 닦는 것이다."

20. 이전 중국 대륙의 총림에서 수행하면 각자는 공적인 일을 먼저 하고 난 후 사적인 일을 하였다. 방에서 염불하거나, 경을 보거나, 정좌하면서 2, 30년을 지내도 이웃에 방부를 들인 사람이 누구인지를 모른다. 규찰(糾察)하는 스님과 지객(知客) 스님은 매우 엄하여 아무 일 없이 돌아다니는 스님을 보면 바로 조사하여 향판으로 때렸으니, 모두는 어디에 한가롭게 말할 시간이 있겠는가?

21. 이전의 조사(祖師)는 언제나 편안히 지키면서 겸손하여 남의 이목을 끌지 않았으며, 묵묵히 이름이 나지 않을수록 더욱 반연을 줄이고, 더욱 잘 정진하였다. 만약 반연하는 마음이 많으면 의근(意根)은 산란해지며, 교만한 마음이 많으면 실패하기 쉽다. 도업을 만약 성취하지 못하면, 또한 우리는 헛되이 출가한 셈이다.

22. 대기만성(大器晚成), 자기에게 약간의 공부가 있을 때 이름을 내려고 생각하지 말아야 한다. 젊어서 이름이 나면, 명예를 부러워하는 사람이 많아지며, 만약 자기의 선정력이 부족하면, 더욱이 만일 사람의 정욕이 높은 업장의 인연을 만나게 되면, 매우 위험한 일이다.

제18장 거친 옷과 담백한 음식

1. 불교를 배우는 주요한 목적은 무명(無明) 번뇌를 타파하고 간탐(慳貪)하는 마음을 버리고 성불하는 것이다. 우리는 출가하였으니 거친 옷과 담백한 음식을 배우고, 먹는 것은 마음대로 먹되 맛있고 거친 음식을 가리지 않으며 단지 목구멍으로 넘어갈 수 있는 음식으로서 배가 부르면 괜찮다. 결코 먹지 말라는 것이 아니며, 단지 과분하지 않으면 되고 먹어서 배가 부르면 좋은 것이며, 먹는 것을 탐하여 너무 배불리 먹으면 안 된다는 것이다.

입는 것도 마찬가지로서 옷은 단지 몸을 가리고 추위를 막을 수 있으면 되고 아름답고 추함을 가리지 않아야 할 것이다. 이렇게 하면 비로소 우리의 탐진치(貪瞋癡)를 소멸할 수 있을 것이다. 탐욕을 버려야 하며, 부처님께서 세 가지의 옷과 하나의 발우[三衣一鉢]를 제정하신 뜻도 바로 탐하지 말라는 것이다.

2. 인류의 욕심은 높으며, 사상의 진화와 물질문

명의 진보로 인하여 인류의 탐욕은 증가하였다. 먹는 것은 산해진미를 요구하고, 입는 것은 진귀한 재료를 바란다. 이와 같이 탐욕이 증가할수록 불법을 배우려는 신심은 감소하여 고해(苦海)를 벗어날 수 없으니, 가련한 일이다.

3. 몸을 버린다는 것은 무엇인가? 바로 거친 옷과 담백한 음식이다. 입는 것은 세 가지의 옷이며 좋은 옷을 입으라고 말하지 않는다. 하나하나 버려야 하며, 모든 것을 사회와 비교할 수 없으니, 이것이 비로소 수행이며, 만약 사회인과 비교하면, 다시 애별리고(愛別離苦: 사랑하는 것과 헤어지는 고통)이 있을 것이다.

4. 출가인은 세속인과는 궁극적으로 같지 않으며, 거친 옷과 담백한 음식으로 생활하고, 가고 머무는 모든 것은 간편하게 하여 탐욕을 제거함으로써 업장을 소멸해야 할 것이다. 만약 다시 먹고 입고 거주하는 것을 좋게 하려고 신경을 쓰면, 지혜가 어두워지고 헛되이 망념과 업의 느낌[業感]만 증가시킬 것이다. 색성향미촉법(色聲香味觸法)을 누리려는 것은 여전히 육도윤회의 일에 속한다. 출가인은 먹는 것은 배가 부르면 되고, 입는 것은 몸을 가리면 되며, 입고 먹는

일에 급급해서는 안 될 것이다. 왜냐하면 그것은 사생(四生: 태생, 난생, 습생, 화생)의 종자에 속하기 때문이다.

5. 우리가 출가하여 수행하려면 탐욕을 버려야 한다. 먹는 것은 단지 배가 부르면 되고, 입는 것은 단지 입어서 따뜻하면 된다. 이러면 좋으며 결코 좋은 음식을 먹고 좋은 옷을 입고 잠을 편안하게 자는 것을 탐하려는 것이 아니다. 거친 옷과 담백한 음식으로 간탐하는 마음을 버려야 할 것이다. 자기의 채소밭에 심은 채소는 영양도 있고 농약도 뿌리지 않고 돈도 들지 않는다. 만약 출가생활의 의미를 이해하지 못한다면, 여전히 입으로는 맛있는 음식을 탐하여 밖으로 가서 각종 형형색색의 채소를 사서 만들어 온 식탁에 가득 차려서 먹는데, 이렇게 먹는 것은 신체에도 불리할 뿐 아니라 돈을 쓰니 복을 감한다. 또한 구복(口腹)의 탐욕과 업장을 소멸시키지 못할 뿐 아니라 도리어 탐욕을 조장하고 세속인과 다름이 없으니, 그러면 또 무엇하러 출가하였는가?

6. 수행은 힘든 괴로움을 견뎌내고 거친 옷과 담백한 음식으로 생활할 수 있어야 한다. 지금의 이 번화한 세상은 모든 것이 편리하여 어떤 물

건은 손을 잡거나 발로 걸어갈 필요가 없이 가질 수 있다. 그러나 우리 출가인은 수행하는데 마땅히 이렇게 관상해야 할 것이다. 조사(祖師)들의 수행과 규칙에 따라 수행해야 비로소 우리의 생사 길을 마칠 수 있다. 우리는 지금 누리기 위하여 출가한 것이 아니며, 의식주의 담박함을 닦아야 한다. 차라리 사회인이 우리를 업신여기더라도, 모든 것은 사회인과 비교할 수 없다. 만약 사회인이 우리를 존중하면, 곧 애별리고(愛別離苦: 사랑하는 것과 헤어지는 고통)가 있을 것이며, 또한 그것은 생사의 윤회를 이룰 것이다. 사회인이 업신여기면 반연심(攀緣心)과 망상심이 감소하여 전심으로 잘 정진할 수 있을 것이다.

7. 출가하여 수행하는 스님들은 자기를 낮추어 "빈승(貧僧)"이라고 겸손하게 말한다. 이것은 바로 모든 것을 더욱 간단하게 해야, 비로소 더욱 수행이 있다는 것이며, 더욱 충족하라는 것이 아니다. 그렇지 않으면 탐하는 마음이 여전히 존재하며, 그것을 제거하지 않으면서 그도 자기가 수행하고 있다고 말한다. 망상은 탐심으로부터 나오는 것이다.

8. 출가는 잘 지내기 위해서 하는 것이 아니며,

의식주(衣食住) 상에서 닦아야 하는 것이며, 모든 것을 버릴 수 있는지를 보며, 그래야 비로소 수행한다고 할 수 있다. 모든 것은 더욱 간단할수록 더욱 좋으며, 방편으로 번뇌를 일으키지 않으면 마음은 비로소 더욱 견고해지고, 망상은 적어진다. 따라서 거친 옷과 담백한 식사를 해야 한다고 말하는 것이다.

9. 먹는 방면에서 출가인은 남들(신도들)이 주는 대로 먹으며, 집착하지 않고 탐하지 않는다. 적게 먹고 약간 나빠도 먹으며, 그렇지 않으면 너무 많이 먹는다. 너무 좋은 것을 먹으며 업을 소멸하기가 쉽지 않으며, 만약 다시 탐하는 마음을 일으키면 여전히 윤회 가운데 있게 된다. 사실 진정으로 말하자면, 무슨 물건이든지 가져가서 화학검사를 해보면 모두 독이 있을 수 있다. 만약 물속에 독이 있어도 사람들은 이렇게 먹으며, 우리는 그들을 따라 먹지만, 번뇌와 걱정을 일으키지 않는다.

10. 출가인이 만약 지족(知足: 만족할 줄 아는) 하는 마음을 가지면, 반드시 '구하는 바가 없게 되고' 갖가지의 집착과 번뇌가 없어진다. 그러나 우리는 '경계를 만나면 마음을 일으키기[觸境生

心]'가 쉽다. 눈으로 보는 것, 귀로 듣는 것, 입
으로 먹는 것이 마음속에 곧바로 생각이 일어난
다. 비록 그대가 무슨 요구가 없을지라도, 그러
나 그대에게 이러한 생각이 있으면 바로 '구하는
바가 있는' 것이다. 따라서 '만족할 줄 알면' 바
로 '구하는 바가 없게' 되며, 구하는 바가 없는
것은 우리 수행의 행지(行持)에 있어서 매우 중
요하다. 만약 시시각각 만족할 줄 알면, 이 마음
은 곧 경계에 움직이지 않을 것이다.

11. 음식을 먹는 데는 배가 부르면 되고, 만약
맛있는 것을 요구하면, 바로 입의 노예가 되고,
위장은 더욱 바쁘게 되며, 너무 좋은 것을 먹으
면 머리도 어지러운 생각을 하여 산란하고 미혹
에 빠지기 쉽다. 모든 것은 간단한 것이 좋으며,
단지 배가 불러서 배가 고프지 않으면 되고, 옷
은 몸을 가리고 추위를 막아주면 될 것이다.

12. 무엇이 거친 옷과 담백한 식사인가? 밥을
먹지 않는 것이 아니라 배불리 먹는 것이며, 좋
은 것을 먹는 것이 아니다. 옷을 입어서 따뜻하
고 몸을 가릴 수 있으면 되며, 좋은 옷을 입는
것이 아니다. 잠을 충분하게 자서 정신이 있으면
되고, 잠을 탐하지 말고 잠이 너무 많으면 쉽게

혼침하게 된다. 만약 밥을 먹지 않는 무슨 수작을 부리면, 신체가 나빠지고 편안한 마음으로 수행할 수 없다. 그러면 헛되이 출가한 것이다. 나(노스님)도 이전에 많은 수단을 해보았으며, 지금은 늙어서 잘못하였음을 안다.

13. 노스님은 대륙의 승천사(承天寺)에서 수행할 때 각종 수행의 방법을 시험해보았다. 한 번은 고의로 몇 십 일 동안 밥을 먹지 않았는데, 어느 날 불전에 들어갔을 때 놀랍게도 체력이 지탱하지 못하여 앞으로 넘어졌다. 그는 줄의 맨 뒤에 서 있었기 때문에 그가 앞으로 넘어지자 앞에 서 있던 몇 분의 스님들도 연달아 앞으로 넘어졌으며, 결과적으로 줄을 서 있던 사람들 모두 부딪혀서 일시에 대웅전의 질서가 어지럽게 되었다. 그는 이때 비로소 자기가 잘못하였음을 알게 되었다. 고의로 밥을 먹지 않는 것도 집착이다.

14. 불법을 수학하는 것은 결코 아무 것도 요구하지 않는 것이 아니다. 그것도 편향되게 가는 것이다.

15. 색상에 집착하여 입는 의복에 너무 신경을

쓰면 안 된다. 이렇게 입어도 아니고, 저렇게 입어도 아니고, 옷이 더러워질까 아까워한다. 이렇게 하면 상주하는 절을 위하여 일할 수 없으며, 도리어 의복에 제도될 것이다.

16. 그러한 나쁜 물건을 마음속에 놓고 고통스러워하지 않아야 한다. 아름다운 것을 애착하지 말아야 하며, 우리가 입고 있는 이 의복(출가인의 세 가지 옷)을 입고 직접 서방으로 가야 할 것이다. 만약에 아름다운 것을 애착하면, 이후 자연적인 의복이 있을 것이며, 만들 필요가 없다. 어떤 사람은 아직 가지 않았지만, 이미 그러한 형상을 갖추고 있다.

17. 물었다. "스님께서 항상 우리에게 역대의 조사(祖師)스님들을 배워야 한다고 하시지만, 이러한 부유한 환경에서 의식주 모두 부족하지 않으니, 어떻게 하면 배울 수 있겠습니까?"

스승이 답하였다. "우리가 그것을 탐하지 않고 집착하지 않으며, 단지 넘어가면 되며, 먹을 것이 많다고 필사적으로 먹으면 안 된다. 이것이 바로 탐심이다. 또한 고의로 적게 먹어 배가 고파도 안 될 것이다. 자기의 식사량에 맞춰 배가 부르면 되고, 잘 먹고 잘 먹지 못하는 것을 분별하지 않으면 된다. 이전의 먹거리는 자연적이었지만, 지금의 먹거리는 모두 화학적인 것이거나 혹은 농약을 뿌려서 정말로 먹을 수가 없다. 이런 것은 먹지 말아야 하며, 어지럽게 먹거나 많이 먹으면 탈이 난다. 한 포기의 풀을 탐해도 다시 생사윤회로 와야 하니, 염불을 많이 하면 좋을 것이다."

18. 만약 밤에 잠을 자지 않는 것을 수련하려면, 먼저 담박(淡泊) 두 글자로부터 배워야 하며, 의식주에 모두 걸림이 없게 되면 탐진치도 소멸될 것이다. 이러면 망념은 자연히 소멸하니, 비로소 선정(禪定)공부를 논할 수 있다.

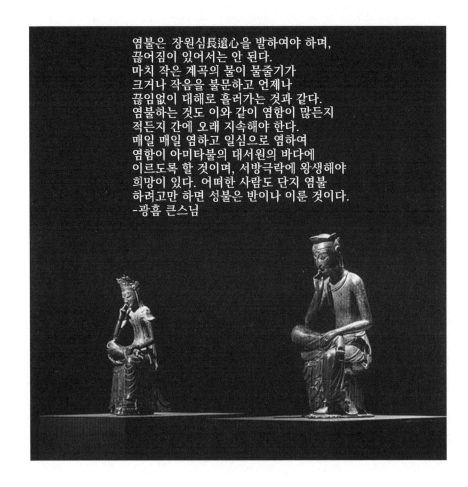

염불은 장원심長遠心을 발하여야 하며,
끊어짐이 있어서는 안 된다.
마치 작은 계곡의 물이 물줄기가
크거나 작음을 불문하고 언제나
끊임없이 대해로 흘러가는 것과 같다.
염불하는 것도 이와 같이 염함이 많든지
적든지 간에 오래 지속해야 한다.
매일 매일 염하고 일심으로 염하여
염함이 아미타불의 대서원의 바다에
이르도록 할 것이며, 서방극락에 왕생해야
희망이 있다. 어떠한 사람도 단지 염불
하려고만 하면 성불은 반이나 이룬 것이다.
-광흠 큰스님

제19장 인과를 밝게 알다

1. 이 세간의 모든 것은 재가든 출가든 불문하고, 인과의 순환이다. 우리가 불교를 배우고 수행할 때, 나아가 우주의 모든 것도 "인과(因果)" 두 글자를 벗어나지 않는다. 비유하면 우리는 바로 과거세에 출가의 선인(善因)을 심었기 때문에 이 생에 비로소 출가하여 수행할 수 있다. 그리고 이 생에 우리가 다시 와서 수행하는 것도 미래세에 성불하는 과(果)를 심는 것이다. 따라서 원인이 있으면 결과가 있다. 사바세계의 갖가지 모든 일, 나아가 마음속의 움직이는 한 생각에 이르기까지 모두 인과가 있는 것이다.

  부처님께서 설하신 경전도 모두 인과의 도리 위에서 해설하신 것이며, 우리에게 행하게 한다. 바른 인[正因]이 있으면 바른 과[正果]가 있다. 출가의 인은 발라야 한다. 보리심을 발하기 위하여 출가해야 하며, 생사를 해탈하기 위하여 출가해야 하며, 어떤 일을 위하거나 혹은 현실을 도피하기 위하거나, 혹은 자극을 받아서 출가해서는 안 된다. 만약 이러한 일로 인하여 출가하거나, 이러한 조건으로 인하여 출가한다면, 도를 닦는 마음이 반드시 견고하지 않을 것이며, 자주 나쁜 생각에 움직이거나, 정념(正念)이 생기지 않을 것이다. 우리가 출가하면 견고하고 강한 원력을 가져야 하고, 의지가 굳건해야 한다. 그러면 아무리 어려운 경계를 만나더라도, 아무리 힘든 장애를 만나더라도 모두 극복할 수 있을 것이다. 만약 이러한 원력이 없으면, 성불할 방법이 없다. 따라서 부처님께서는 우리에게 "참회하고 발원하게" 하였으며, 그래야 수행의 이 길을 비로소 원만하게 걸어갈 수 있을 것이다.

2. 우리가 오늘 출가한 것은 쉽지 않은 일이다. 보시다시피 세계의 중생이 그렇게 많지만, 우리가 다행히 불법을 들을 수 있으며, 또한 다행히 출가하여 가사를 걸칠 수 있는 것은 매우 어려운 일이다. 이것은 우리가 과거세에 일찍이 불보살의 명호를 지송한 까닭이다. 이러한 원인이 있으므로 비로소 오늘 이러한 결과가 있게 된 것이다.

3. 우리는 오늘 기왕 출가하였으니, 불보살의 뜻을 알아야 한다. 금강경, 지장경 등의 경전을 보면, 십법계(十法界) 중생의 상태를 이해하고 각

법계의 중생이 어떻게 형성되는지를 안다. 이처럼 우리의 행동거지로 인하여 비로소 의지하고 지향하는 바가 있게 되었다. 그렇지 않으면 흐리멍덩하게 인과를 이해하지 못하게 되며, 출가를 해도 여전히 재가인과 같이 명예와 이익을 다투고, 서로 빼앗으며, 서로 높고 낮음을 비교한다. 이렇게 살아가면서 이 생을 지나치면, 인간의 몸도 얻기 어려울 것이다.

4. 아침, 저녁의 예불에서 만약 경전독송에 정신을 집중할 수 있으면, 몸과 마음이 점차 안정되고 지혜가 열려서 조사(祖師)를 성취할 수 있으니, 소홀히 하지 않아야 한다. 관세음보살도 예불과 독송을 정성 들여 숙달하였으며, 다시 발심하여 주방에 들어가 식사를 준비하는 임무를 맡고, 어떻게 하면 주방의 힘든 일을 공덕의 일로 변화시킬 것인지를 알고, 불사(佛事)의 수행으로 삼았다. 그렇지 않아서 경전과 다라니를 익히지 않고 이기적인 것에 탐착하면, 주방의 일을 불사 공덕의 일로 변화시켜 수지할 수 없을 것이다. 비록 한평생 밥을 해도 벗어나기 어려운 것은 인지(因地) 상에서 정확하지 못했기 때문이며, 단지 헛되이 번뇌만 증가시킬 것이다.

5. 출가하면 인과를 알아야 하고 복을 아낄 줄 알아서 먹을 수 있는 것은 절대로 버리면 안 된다. 그렇지 않으면 다음생에 돼지, 개, 닭, 오리가 되어 다시 와서 보충해 먹어야 할 것이다.

6. 일을 처리하는 데는 삼가고 신중하며 조심해야 한다. 모든 일에는 인과가 있으니, 먹을 수 있는 것을 버리거나 상하게 하면, 모두 인과를 벗어날 없다. 인과는 조금도 헛되지 않으니, 누구라도 대신할 수 없다. 본인의 생사는 본인이 마쳐야 하며, 본인이 밥을 먹으면 본인의 배가 부르다.

7. 시주의 한 톨 쌀은 수미산마치 크니, 금생에 도를 마치지 못하면 털을 걸치거나 뿔을 이고 갚아야 하네.

8. 현재의 마음도 얻을 수 없고, 미래의 마음도 얻을 수 없으며, 과거의 마음도 얻을 수 없다. 세 마음의 범위는 매우 넓어서 탐진치도 그 안에 포함된다. "오관(五觀)이 존재하면 금도 쉽게 녹일 수 있으나, 세 마음을 깨닫지 못하면 물도 소화하기 어렵네.[五觀若存金易化, 三心未了水難消]" 이 세 마음은 또한 과거, 현재, 미래의 세

마음이다.

9. 당초 부처님께서 제자와 탁발을 하셨는데, 한 무리의 제자들이 탁발을 나갔으며, 결코 모든 제자들이 물건을 탁발할 수 있었던 것은 아니며, 어떤 제자들은 탁발하지 못하고 빈 발우로 돌아와서 기쁘게 부처님께 말하기를, "세존이시여! 저는 오늘 물건을 탁발하지 못했습니다."
　부처님께서 말씀하셨다. "그래도 괜찮다. 탁발하지 못한 것은 그대가 중생과 인연이 없는 것이니, 장래 다시 그들에게 갚을 필요가 없다. 그리고 다른 사람이 탁발하고 자신은 탁발하지 못했기 때문에 마음에 분별을 일으키지 않고, 번뇌를 내지 않았으니, 이것은 더욱 좋은 것이다."

10. 우리가 옳고 다른 사람이 옳지 않은데, 우리가 만약 그에게 주인이 되게 하면, 우리가 잘못한 것으로 변한다. 이 뜻은 즉 자기가 주인이 되어야 하고, 다른 사람에게 움직이지 않아야 한다는 것이다.

11. 다른 사람이 잘한 것은 찬성해야 하지만, 만약 잘못한 것이라도 찬성하면, 자기의 죄는 배가 될 것이다.

큰 원願을 발해야 한다.
다른 사람이 먼저 성불하고 나서
내가 비로소 성불한다.
모든 일에서 다른 사람을 돕고,
다른 사람이 그 마음이 편안하고,
편안하게 도를 닦을 수 있도록 돕는다.
아는 것을 다른 사람에게 말하여
지혜가 증장할 수 있도록 한다.
타인이 먼저 성불하고 내가 성불하며,
질투심을 가져서는 안 된다.
- 광흠 노스님 법어

제20장 참회(懺悔)

1. 중생은 무시겁 이래로 생사윤회를 하고 있으며, 줄곧 이 생에 이르러 비록 사람의 몸을 얻었지만, 여전히 육도 가운데 있다. 그리고 무시 이래의 나쁜 생각, 나쁜 종자도 여전히 그림자가 몸을 따르듯이 우리를 따라다닌다. 따라서 우리는 부지런히 참회를 구하여 과거의 죄업을 참회해야 한다. 계를 받는 것도 마찬가지로 힘써 참회를 구하여 과거에 지은 모든 악업을 참회해야 비로소 청정한 계를 얻을 수 있다. 중생은 모두 불성이 있으나, 반드시 수행에 의지해야 하며, 아울러 업장을 참회해야 비로소 불도를 성취할 수 있다.

2. 우리가 무시겁 이래로 지은 업은 무량무변하다. 그러나 원한으로 원한을 서로 갚고 서로 힘들게 하면, 우리는 수행의 과정에서 많은 장애를 일으킨다. 그러므로 매일 업장을 참회해야 하고, 더욱 발원해야 하며, 생사를 마치고 널리 중생을 제도할 것을 발원해야, 비로소 무상의 도를 성취

할 수 있다.

3. 수행이 있는 사람일수록 더욱 참회의 중요성을 느낀다.

4. "항상 자기의 허물을 보면, 도와 상응할 수 있다." 수행이 있는 사람일수록 더욱 자기의 결함과 과실을 발견하고, 부끄럽게 생각하여 참회한다.

5. 만약 거짓말하는 느낌이 있으면, 저녁에 빨리 참회를 해야 하며, 염불을 많이 하면 비로소 산란심을 타파하고 용맹정진할 것이다.

6. 많은 악념이 일어날 때 집착하지 말고 자기를 두드리며 말한다. "너는 이러지 말아라." 처벌의 방식을 사용하면 안 되며, 그러면 소용이 없고 아울러 자기를 해칠 수 있을 것이다.

7. 만약 자기가 옳은데 다른 사람이 억지로 그대가 옳지 않다고 말해도, 또한 사람을 향하여 참회해야 한다. 수행은 바로 이것을 수행하는 것이다. 돈을 그대에게 주어도 그대는 돈을 번 것이 아니며, 바로 경계가 왔다고 말한다. 그대가

인욕 수행을 모르면, 도리어 번뇌를 일으킨다.

8. 선근이 있는 사람은 스승이 그에게 말하면, 그는 스승이 자기를 가르친다고 알고는 참회하겠다고 말할 것이다. 선근이 없는 사람은 도리어 스승이 그에게 어떠하다고 말하면, 번뇌를 일으킨다. …… 그리로는 곧 생각하기를 '그래도 재가가 좋아, 부모가 있으며, 잘 먹고 잘 입을 수 있으니.' 마치 남에게 시집가면 연극을 연출하는 것과 같이, 결과적으로 다시 타락하며, 혹은 어떤 사람은 이곳을 떠나려고 생각하는데, 그러면 이후에 그를 이야기하는 사람은 없을 것이다.

9. 말을 할 때는 그 사람의 근기를 보고 말해야 한다. 예를 들면 우리는 근기가 있는 사람에게 말한다. "잘못이 있으면 참회할 수 있으며, 죄는 마음으로부터 일어나니 마음을 참회해야 한다." 이 사람은 비록 허물이 있지만, 참회를 통하여 청정해지며, 다시는 허물을 저지르지 않고 마음을 도의 수행에 힘쓴다. 근기가 없는 사람에게는 이렇게 말할 수 없다. 만약 그에게 이렇게 말하면, 그는 생각할 것이다. '어쨌든 잘못을 저질렀으니 참회하면 될 것이다.' 이렇게 생각하면 그는 영원히 허물을 고칠 방법이 없으며, 영원히 참회하고 있는 것이다.

염불은 움직임 가운데서 하면서
자기의 일과 조화할 수 있어야 한다.
일하면서 염불하여 온 마음이
고요해질 수 있어야 하며,
한 구(句)의 불호를 명료하게 들으면
잡념이 없이 청정해져서
자성이 염하여 자성이 들으며
[自性念來自性聽]
염불하여 일심불란一心不亂에
이르게 된다.

-광흠 노스님 법어록

제21장 이해와 실천을 병행하다

1. 세간의 일은 배운 것을 사용할 수 있다. 그러나 불법은 도리어 배운 체를 할 수 있는 것이 아니다. 따라서 경전의 진실한 뜻도 우리 범부의 지견으로 연구해서 이해할 수 있는 것이 아니다. 즉 그대가 상상하고 측량할 수 있는 경의 도리는 단지 그대 개인의 견해일 따름이다. 설령 모든 경전을 두루 열람하였더라도, 또한 마치 "거울 속의 꽃과 물속의 달"과 같아서 필경 자기가 깨달아 증득한 것이 아니다. 따라서 경서를 보고 문자의 상에 집착해서는 안 되며, 경의 문자 속에서 배회하며 뜻을 생각하면, 도리어 그곳에 집착하게 되어 벗어날 방법이 없다. 금강경에서 이르시기를 "법도 오히려 버려야 하거늘, 하물며 비법(非法)이랴?" 모든 경전은 부처님께서 우리에게 "생사를 마치는" 길을 인도하고 가리키신 것으로서 경전을 연구하는 목적은 우리에게 가르침에 따라 실천하고, 착실하게 수행하여 친히 스스로 깨닫게 하는 것이다. "생사를 마치는" 이 길은 반드시 자기 스스로 힘들게 수지(修持)하면

서 걸어가야 하며, 아울러 제불을 깊이 믿고 모두 충만한 믿음과 발원, 또한 부처님의 가피에 의지하여야, 비로소 피안에 도달할 수 있으며, 우리 자성(自性)의 무상의 반야지혜를 열어 드러낼 수 있다.

2. 출가인은 계정혜를 닦아야 하고, 재가인은 오계(五戒)를 닦아야 한다. 경율론 삼장도 또한 매우 중요하며, 한편으로는 보고, 한편으로는 행해야 비교적 빨리 지혜가 열릴 것이며, 경장의 지혜는 우리 마음 가운데에 있으며, 바다와 같은 무량무변한 이 지혜는 법문이나 경의 해설로써 열릴 수 있는 것이 아니다. 이것은 일종의 반야지(般若智)로서 자기 마음 가운데서 저절로 흘러나와 드러나는 것이다. 그러나 세속의 지혜는 일종의 범부지(凡夫智)로서 환상같은 경계에 미혹한 가운데서는 자각하지 못하며, 대학생의 지혜와 같더라도 불교의 문중에서는 여전히 소학생이다.

3. 불교를 배우는 데는 곧 과거 제불의 행위를 따라 수습하고 배워야 하며, 불법 배우는 것을 입에 걸어놓는 것이 아니다. 문자상에서 쓰고, 학술사상의 연구 위에 놓으면, 그것은 절대로 성

취할 수 없는 일이다. 수행은 마음을 닦는 것으로서 착실하게 실천해야 하고, 실제의 몸과 마음으로 수지(修持)해야 한다.

4. 출가인은 경서를 보면 불보살의 뜻을 이해할 수 있으며, 또한 계를 받아야 하는데, 계율은 매우 중요하며, 이것은 우리가 생사를 마치는 근본이다. 지계(持戒)하고 "인욕은 첫 번째의 도"로서 고행을 닦아야 한다. 거친 옷과 담백한 식사를 하면서 상주(常住: 절)를 위하고 대중을 위하여 봉사하고 공덕을 지어야, 비로소 우리의 지혜를 열 수 있으며, 비로소 친히 불보살의 뜻(경계)을 체험하여 알 수 있다.

5. 스스로 옳다고 여겨서 문자반야(文字般若) 상으로부터 불법을 배우지만, 몸소 실천하지 않는 사람은 마침내 문자에 속박되어 마음이 해탈하지 못한다.

6. 시간이 있으면 경서를 보아야 하며, 경서를 보면 어떻게 수행해야 하는지를 이해하고 알아야 하며, 보고 난 후 곧장 강설하는 것이 아니다. 어떤 사람들은 경을 보는 것이 마치 사회인과 같아서 마음이 없어서 경서를 읽을수록 더욱

나빠지는 사람이 많다. 시간을 파악하여 헛되이 보내지 말고, 경서를 보며, 염불하고 절하며, 정좌하고 송경할 수 있다.

7. 경전은 바로 길로서 번뇌가 일어날 때 (그것을) 가지고 해결할 수 있으니, 쓸 줄을 알아야 한다. 번뇌가 올 때 응용할 줄 알면, 번뇌가 바로 보리(菩提: 깨달음)이며, 쓸 줄을 모르면 번뇌가 바로 무명이다. 만약 번뇌가 와서 해탈할 줄을 모르고 번뇌에 집착하면, 약을 잘못 먹은 것과 같고, 독약을 먹은 것과 같다. 약은 사람을 따라 먹는 것이며, 약을 잘 맞춰 먹어야 하며, 약을 잘못 먹으면 안 될 것이다. 회광반조하여 그것을 고쳐야 하며, 다른 사람이 잘못되었다고 말하지 않아야 하며, 그것을 말하고 나면 자신이 잘못된 것이다. 그래서 이 입은 매우 중요하다.

8. 경을 보면 뜻을 이해해야 하고, 뜻을 이해하면 아울러 행해야 한다. 단지 스스로 관하고 스스로 행해야 비로소 경을 이용하는 것이며, 비로소 경을 돌린다[轉經]고 말할 수 있다. 그렇지 않으면 도리어 경에 돌려진다. 만약 경을 보고, 계를 보아서 약간의 아는 것을 얻어서 곧 그것을 가지고 타인을 비판하고, 타인이 그렇게 행하

는지를 정찰하면서 마음에 분별을 일으키고, 헛되이 아상(我相), 아만(我慢)과 시비를 증가시킨다면, 이 또한 경에 돌려지는 것이다.

9. 불광산 불학원 비구 일행 3, 4명이 산에 올라와서 노스님께 법문을 청하였다. 노스님은 객실에서 비구들에게 말하였다. "경서를 보는 것은 단지 도에 들어가는 문을 찾는 것이고, 염불이야말로 비로소 절실하게 생사를 마치는 수행이다."

10. 출가하면 수행을 해야 하며, 밖으로 나가서 공부할 필요가 없으며, 불학원에서 강의하는 것은 모두 불법을 배우는 것은 아니고 사회의 학문이 섞여 있다. 사회의 학문을 오래 접촉하다보면 마음은 세속을 벗어날 방법이 없다.

11. 경을 보고 법을 강의하는데, 만약 자기가 진실하게 수행하지 않으면, 여전히 타인의 것이며, 타인의 재산을 세고 있는 것과 같아서 여전히 생사의 감옥을 벗어날 수 없다. 만법은 하나의 종지로 돌아가니, 최후에는 여전히 아미타불을 염해야 한다. 염불하며 힘들게 수행을 해야 비로소 궁극으로 생사를 마칠 수 있다.

12. 수행하여 자기가 보고 알며, 자기가 깨달아 나온 것이어야 하며, 그렇지 않으면 모두 경전을 집착하는 것이다.

13. 삼귀의를 잘 체득하여 실천할 수 있는가? 마치 "귀의법 … 지혜가 바다와 같이 깊고 넓기를." 지혜가 어떻게 바다와 같아질 수 있는가? 남들이 하나를 지적하면 곧 알며, 경서 한 바구니는 필경 자기의 것이 아니다. 몸 밖의 경서는 본 것은 이해하지만 보지 않은 것은 알지 못한다. 따라서 염불하여 어느 정도에 이르면 경장은 저절로 그대 마음의 가운데 있으니, 착실히 염불해야 비로소 지혜를 열 수 있다.

14. 경장은 전부 마음에 있으며, 계정혜도 마음에 있다. 계정혜를 부지런히 닦는 것은 입으로 말하면 되는 것이 아니라, 진정으로 실제로 행해야 하는 것이며, 또한 우리의 이 오온을 닦아야 하는 것이다.

15. 경장은 어디에 있는가? 경장은 우리의 마음 속에 있다. 그러나 이것은 지혜가 열려야 비로소 방법이 있으며, 지혜가 열리지 않으면 경서를 보아도 미혹하여 흐리멍덩하다. 만약 지혜가 열리

면, 경서를 보면 익숙한 것처럼 느끼며, 또한 다른 진리도 깨달을 수 있다.

16. 자기의 본래면목은 자기가 깨달아 나오는 것이며, 듣는 것은 여전히 육진의 바깥 경계에 속한다.

17. 불법을 배우는 것은 스승이 한 마디 법문하면 자기가 깨닫고 이해하는 바가 있는 것이며, 많이 말하는 것이 아니다. 많이 말하면 여전히 생사에 도는 것이다.

18. 강설하고 기억하는 것은 같지 않은 것이다. 스승이 말하는 하나의 일을 여러분이 듣고 이해하고 기억하는 것은 같지 않다. 학식이 좋은 사람은 기억하는 것이 깊고, 지혜가 높은 사람은 이해하는 것이 깊다.

19. 경론에 대하여 공경해야 한다. 이전의 사람은 예(禮), 의(義), 염(廉), 치(恥)를 말하고, 행주좌와에 율의(律儀)를 잃지 않았으므로 성인(聖人)이 있었다. 그러나 현대인은 이런 것을 말하지 않으므로 세간이 비교적 어지럽다.

福의 힘으로 佛道를 성취한다

"아나율아, 네 바늘을 가져오라. 내가 실을 꿰어 주리라.
이 세상에서 복을 얻고자 나보다 더 노력하는 사람은 없다.
그래서 나는 여섯 가지 일에 게을리 하지 않는다.
여섯 가지는 ① 남에게 베푸는 것이요,
② 남을 가르침이며, ③ 억울함을 참아 견딤이요,
④ 계율을 가르침이요, ⑤ 중생을 감싸고 보호함이요,
⑥ 위없는 깨달음을 구하는 것이다.
나는 이 여섯 가지 일에 만족함이 없이 항상 힘쓴다."
부처님께서는 이렇게 게송으로 말씀하셨다.
"이 세상에서 닦은 힘 가운데 천상에서나 인간에서
안락하게 하는 것. 복의 힘이 가장 훌륭하나니
그 복의 힘으로 불도를 성취하리라."
- 증일아함경

제22장 음덕과 복덕을 아끼다

1. 출가한 사람은 시간을 아낄 줄 알아서 하루 빨리 수행해야 한다. 만약 세월을 헛되이 보내면 매우 애석하며, 만약 수행에 노력할 줄 모르면, 잘 되면 단지 사람의 몸을 얻고, 잘못되면 삼악도에서 소나 말로 변할 것이다. 그러므로 기회를 잘 잡아서 수행에 노력해야 하고, 시간을 헛되이 보내지 말아야 한다.

2. 이른바 고행을 닦는 것도 바로 복을 아끼는 것이다. 쓸 수 있는 어떠한 물건도 함부로 버리지 않고, 먹는 것, 쓰는 것 등 모두 썩거나 노후화될 때까지 사용해야, 비로소 공덕이고, 비로소 복과 지혜를 닦는 것이다.

3. 우리가 출가하여 수행하는 것은 바로 무시이래의 간탐의 습기를 닦아야 하며, 거친 옷과 담백한 식사를 하고 주방의 먹을 수 있는 물건은 절대로 상하게 하면 안 된다. 절에서 사용할 수 있는 것은 반드시 최대한 이용해야 하며, 절

을 위하여 근검절약해야 한다. 이것은 그대의 물건이고, 혹은 나의 물건이라고 생각하는 분별심을 버려야 할 것이다. 출가인은 무슨 자기의 물건은 없으며, 모든 것은 절의 것이다. 더욱이 상주(절)의 물건이거나, 혹은 자기가 출가한 후 모은 저축을 가지고 속가의 가족에게 주면 안 된다. 이러면 그들을 대신하여 복을 심지 못할 뿐 아니라, 도리어 그들의 복을 깎아먹는 것이다.

4. 주방에서는 보현보살의 행원을 행하는 것이다. 이전에 관음보살, 문수보살 등 대보살들은 모두 주방의 힘든 일로부터 나온 것이다. 주방에서는 복을 아껴서 쌀, 쌀뜨물, 채소의 잎을 함부로 버려서는 안 된다. 먹을 수 있는 식물을 잃어버렸다고 인과가 없다고 말해서는 안 되며, 계의 신(神), 가람신은 모두 그대의 행위를 장부에 기입하여 장래에 닭, 오리, 돼지, 개가 되어 그것들을 먹게 할 것이다.

5. 음식을 먹을 때는 이들 음식이 어디에서 왔으며, 어떻게 왔는가를 생각해야 한다. 그리고 자기에게 수행이 있는지를 생각해야 한다. 만약 참괴심을 무너뜨리지 않으나 바로 "맛이 없다"라고 (그 음식을) 싫어해도, 복을 감하는 것이다.

마음을 다하여 절을 위하고, 절에 공덕을 심으면, 내세에 절에 출가하는 복이 있게 되고, 출가인의 신분을 보유하고 (절에) 머물게 될 것이다.

6. 석가모니부처님이 세상에 계실 때는 나가서 탁발을 하셨으며, 먹을 것을 탁발하면 먹을 것을 얻고, 탁발하지 못하면 굶어야 하였다. 그래서 한 끼의 식사를 하는 것이 힘들고 곤란하였다. 괴로움이 있어야 비로소 몸에 대한 집착을 버릴 수 있다. 그래서 수행하여 도를 깨닫는 것이 매우 빨랐다.

이전에 대륙의 승천사에 있을 때 먹는 것은 절인 채소였으며, 벌레가 생겨 냄새가 고약하였다. 그래서 대나무 망을 사용하여 벌레를 걸러서 방생하고 나서 비로소 가져와 삶아먹었다. 그 냄새가 절의 산문 밖에까지 퍼져서 신도가 그 냄새를 맡으면 토할 정도라고 말하여 내(광흠 노스님)가 말하였다. "그대가 만약 가서 먹었으면 그래도 비위를 열었을 것입니다." 대만의 출가스님은 의식이 풍족한데, 만약 좋은 음식을 먹고, 좋은 옷을 입으려고 하면 탐하는 마음이 생겨 몸을 버릴 방법이 없고, 세속의 마음을 끊지 못하여 수행하기가 비교적 어려울 것이다. 하룻밤이 지난 음식은 먹지 않고, 단지 분칠한 화장을 지우지 않은 차이지만, 모두 세속의 생각이니, 어찌 원력이 있을 수 있겠는가? 일이 조금만 마음에 들지 않아도 번뇌를 일으킬 수 있다. 그러므로 이 신도의 보시가 어떻게 온 것인지를, 이전의 사람은 어떻게 힘들게 수행하였는지를 항상 관조해야 할 것이다. 우리는 지금 의식(衣食)이 부족하지 않으니, 더욱 마땅히 만족함을 알고, 용맹정진하여 수행해야 할 것이다.

7. 우리는 오늘 출가의 의복을 입고 이것이 몇만겁의 수행으로 얻은 복보인지를 모른다. 이것은 간단한 것이 아니다. 그러나 만약 불법에 따라 수지(修持)하지 못하면, 사회인보다도 더욱 깊이 떨어질 것이다. 그리고 몸에 비록 이런 의복을 입었을지라도, 하지만 이러한 복보를 갖추지 못하고 억지로 입으면, 매우 불편하고 온몸이 자재하지 못할 것이다.

8. 시주(施主)의 땅을 발로 밟고, 시주의 하늘을 머리에 이고, 몸에는 시주의 옷을 입고, 입으로 시주의 밥을 먹고, 시주의 집에서 잠을 자니, 설령 하루 중에 100원의 공덕이 있어도, 마음이 일어나고 생각이 움직이며, 몸과 입과 뜻이 청정하지 못하여 30원을 공제하고, 먹는 것 30원,

입는 것 30원, 거주하는 것 20원을 공제하면, 수행하고 일을 한 것으로는 다 갚지 못하니, 어디에 공덕이 있겠는가? 신도의 보시는 소화시키기 어렵다. "시주의 한 톨 쌀은 그 은혜가 수미산만큼 크니, 금생에 도를 깨닫지 못하면, 털을 입고 뿔을 이고 갚아야 하네."

9. 수행은 어디에서 닦는가? 사람과 인연을 맺는데 있다. 먹을 것을 남에게 먹이며 인연을 맺어도 따지지 않고, 모든 일에 참고 양보하여도 따지지 않는다. 더욱 나쁜 사람은 심지어 한 마리의 새, 작은 동물조차도 그와 인연을 맺으려고 한다. 인연이 없으면 혹은 서로 만나도 기뻐하지 않는 것은 모두 전생에 좋은 인연을 맺지 않은 까닭이다. 금생에 널리 좋은 인연을 맺으면, 내생에 곧 복보를 얻을 수 있을 것이다. 마치 스승의 복보와 같이 이것도 과거에 남들과 널리 좋은 인연을 맺었기 때문에 온 것이다. 따라서 이 생에 사람마다 스승(광흠 노스님)을 보면 모두 기쁜 마음 공양하려는 마음을 내는 것이다.

10. 글자가 있는 종이를 아껴야 한다. 글자가 있는 종이는 함부로 못쓰게 하지 말고, 가져가서 불에 태워야 할 것이다. 이것도 일종의 미덕이다.

복혜쌍수福慧雙修 하라

27년 동안이나
사람을 업어 강을 건네준
공덕으로 두부장수에서
황제로 태어난
송나라 인종(仁宗)황제.

당나라 때 설봉선사는 어디를 가든 공양주를 맡아 공양을 지어 올렸고
암두선사는 원두 소임을 맡아 채소밭을 가꾸어 반찬을 해 올렸으며,
흠산선사는 바느질을 도맡아 대중을 위해 봉사하여 도를 이루었다.

제23장 복혜쌍수(福慧雙修)

1. 수행하는 데는 복과 지혜를 같이 닦아야 한다. "귀의불(歸依佛), 양족존(兩足尊)"에서 이 두 발은 바로 복과 지혜를 말한다. 그럼 복은 어디로부터 오는가? 우리가 만약 고생을 하면서 괴로움을 견딜 수 있으면, 고통에서 벗어나니, 이것은 복이 있는 것이다. 복이 있으면 업을 소멸할 수 있으며, 업장이 소멸되면 불지혜(佛智慧)가 현전할 것이다. 따라서 "인욕이 첫 번째 도"라고 하는 것은 인욕을 닦는 사람은 반드시 도업을 성취할 수 있다.

2. 우리 출가인은 어떻게 하면 복보(福報)를 닦고 지혜를 닦는지를 알아야 한다. 복보를 얻는 사람은 복보를 다른 사람에게 누리도록 주어야 하고, 자기가 복보를 누리지 않아야, 비로소 진정한 복보이다. 자기가 지혜를 얻어서 다른 사람이 어떻게 불법을 배우는지를 지도하면, 비로소 진정한 지혜이다.

3. 수행하여 복혜쌍수를 할 수 있는 사람은 반드시 큰 도량이 있을 것이다. 예를 들면 오늘 승천사를 건설한 것은 자기를 위한 것이 아니라, 다른 사람을 위한 것과 같다. 또한 오늘의 승천사에는 몇 십 명, 심지어 몇 백 명의 대중이 생활하지만 도량에 모두 문제가 없는 것은 바로 도량(道場)을 건설한 것이 자기를 위한 것이 아니라 타인을 위한 것이기 때문이다.

4. 만약 진심으로 수행을 하고 싶다면 각자의 복이 있어야 한다. 따라서 복과 지혜를 같이 닦아야 한다. 매 사람마다 이전에 지니고 온 업장을 소멸해야 하며, 그 방법은 부처님께 절하고, 염불하며, 발심하여 절에서 일을 하면서 따지지 않는 것이다. 만약 너무 따지다 보면 번뇌가 일어나 새로운 업을 짓게 된다. 만약 지나치게 따지지 않는다면, 우리의 복과 지혜는 증가할 것이다.

5. 남들이 나를 모욕하고 나를 괴롭히거나, 나의 것을 차지하려고 해도, 만약 참고 신경쓰지 않으며, 또한 마음에 담아두지 않는다면, 숙세의 업연(業緣)이 소멸할 뿐 아니라, 당장 마음이 평정되고 아무 일이 없을 것이며, 또한 복과 지혜가

증장하고, 우리의 수명도 늘어날 것이다.

6. 우리 자신이 만약 수행하지 않고, 절과 상주하는 대중을 위하여 힘쓰지 않으며, 복과 지혜를 닦지 않고, 계정혜를 닦지 않는다면, 천인(天人)이 멀리 떠나가고 천룡(天龍)의 호법신장이 보호하지 않을 것이다. 그러면 자연히 업장이 운집하여 마음이 안정되지 못하고 자재하지 못할 것이며, 곧 갖가지의 사달이 생기고, 마(魔)의 굴에 떨어질 것이다. 도리어 선신(善神)과 계신(戒神: 계를 지키는 신), 천룡팔부의 신장이 와서 법을 보호하여 마장이 오지 못하게 할 것이며, 그리하여 자연히 마음이 청정하고, 안정되며, 자재할 것이다.

7. 염불하고, 절을 위하여 공헌하며, 대중을 이롭게 함이 바로 복과 지혜를 닦는 것이며, 곧바로 생사를 마칠 수 있다. 만약 단지 자신의 이익을 위하고 대중을 위하지 않으면, 이후 아래(삼악도)로 떨어질 것이다. 나도 대중을 위하며, 대중의 복을 닦는다.

8. 힘써 절의 일을 도우려고 해야, 비로소 복과 지혜를 증장할 수 있다. 그렇지 않으면 한평생

생사를 벗어나지 못한다.

9. 노스님은 일생 동안 염불하였다. 출가할 때 방장이신 전진(轉塵)상인께서 노스님의 근기가 매우 좋음을 보시고, 그에게 염불하게 하였다. 한번은 절안에서 경학을 강설하였는데, 당시 광흠스님도 그곳에 가서 배우려고 하였으나, 전진상인은 도리어 그에게 말하시기를, "가거라! 가서 염불하고, 가서 그대의 할 일이나 해, 무얼 들으려고 하는가?" 광흠스님은 당시 그 말을 듣고 마음이 매우 괴로웠으며, 생각하기를 '출가를 했으면 경을 배워야 하는데, 의외로 나에게 듣지 말라시네!'

그러나 노스님은 필경 근기가 있고 선근이 있는 사람이라 비록 괴로웠지만 마음을 돌리고 즉시 말하였다. "좋습니다. 사공(師公: 은사스님의 스승, 즉 광흠스님에게는 할아버지뻘 되는 스님)께서 저보고 어떻게 하라 시키시면, 저는 그렇게 하겠습니다."

따라서 곧은 마음[直心]이 바로 도량(道場)이다. 광흠스님은 곧 그분이 시키시는대로 그의 할 일을 하러 갔으며, 가서 염불하였다. 이렇게 하여 한 문으로 깊이 들어갈 수 있었으며, 한편으로 일하고 한편으로 염불하면서 복과 지혜를 같이 닦았으며, 그리하여 비로소 오늘의 성취가 있게 된 것이다. 그분은 일심으로 염불에 집중하였으며, 우리에게도 염불을 가르치시고, 우리에게 정토법문에 깊이 들어가 염불을 수행하게 하였다. 이 염불수행이 가장 직접적이고, 가장 온당하며, 또한 가장 우리 현대인의 근기에 계합하는 수행법문이다.

10. 출가인은 자비를 근본으로 삼고, 방편으로 문을 삼는다. 대비(大悲)는 본체로서 모든 것은 자비로부터 나온다.

11. 수행은 지혜를 닦아야 하며, 하지만 복도 닦아야 한다. 항상 자비심을 간직하고, 힘써 방편으로 다른 사람의 곤란을 해결하도록 도와야 하며, 보시하여 구제하고 사람들과 널리 좋은 인연을 맺는 것이 복혜쌍수이다.

12. 수행은 복과 지혜를 함께 닦아야 한다. 수행하여 늙어져 복과 지혜를 구족하면, 모든 것은 자연히 성취된다.

13. 만약 생사를 이미 벗어났으면, 불법을 널리 펴고 중생을 이롭게 해야 한다. 이때는 비록 우

리가 명리(名利)를 구하지 않아도, 명리는 저절로
따라올 것이다.

세 가지 정업淨業

왕생극락 하는

윤회를 벗어나

저 극락세계에 태어나고자 하는 이는
마땅히 삼복三福을 닦아야 하느니라.
첫째는 부모님께 효도 봉양하고,
스승과 어른을 받들어 모시며,
자비로운 마음으로 살생을 하지 말고,
열 가지 선업을 닦아야 하며,
둘째는 삼보를 받아들이고 늘 기억하여,
온갖 계행을 구족하고 위의를 범하지 않아야 하며,
셋째는 보리심을 발하고서 인과(염불성불)를 깊이 믿고
대승경전을 독송하도록 수행자를 권진勸進하여야 하느니라.
이와 같은 세 가지 일을 정업淨業이라 이름하느니라.
- 관무량수경

제24장 남녀관계

1. 우리는 범부이니, 남자스님과 여자스님은 마땅히 분명하게 구분하여 거리를 유지하여야, 도를 장애하지 않을 것이다.

2. 남자스님과 여자스님은 마땅히 분명하게 구분하여야 하며, 설령 백세까지 살아도 그렇게 해야 한다. 이미 깨달아 과위를 증득하여 선정력이 있으면 괜찮지만, 그렇지 않으면 문제가 발생하기 쉽다.

3. 여자스님은 최대한 남자스님과의 대화를 피해야 한다.

4. 남자스님과 여자스님이 말을 할 때는 서로 마주 보고 해서는 안 되며, 물건을 가지고 직접 손을 접촉해서도 안 된다. 스님은 선정력이 있어서 괜찮을지 몰라도, 그렇지 않으면 설령 서로 백보의 거리가 있어도 너무 가까운 것이다. 그대들이 지금의 정념(正念)으로는 아직 10분의 1도

부족하여 매우 위험하니, 주의를 많이 해야 할
것이다.

5. 남자와 여자스님의 도량에서는 반드시 남자스
님과 여자스님을 분명하게 구분하여야 한다. 동
물의 교배는 계절성이 있어서 다른 시기에는 교
배가 발생하지 않으나, 사람의 습기는 중하여 언
제 어디서라도 발생할 수 있으니, 그의 외모가
점잖은 것만 보아서는 안 된다. …… 여자스님은
응당 스스로 자기를 지키고, 남자스님은 일이 없
다고 도처로 돌아다녀서는 안 될 것이다.

6. 현대의 남자와 여자스님들이 출가하지만, 산
란심이 비교적 많다. 우리의 도심을 견고하게 하
며, 불교를 가지고 사회와 경쟁해서는 안 될 것
이다. 각종 활동을 열면서 승속의 남녀들이 구분
하지 않고 서로 섞이니, 나쁜 생각이 한무더기로
일어나 도심에서 물러나기가 쉽다.

7. 어느 날 노스님은 제자와 정원 가운데서 대
화하면서 바위 아래 멀지 않은 곳에서 젊은 비
구가 모습이 속되지 않고 단아하게 보이는데, 6,
7명의 재가여자를 거느리고 이곳으로 올라오는
것이 보였다. 노스님은 갑자기 옆에 있는 제자에

게 말하시기를 "저 젊은 스님은 조금 위험하네." 제자는 무슨 뜻인지 알지 못하였다.

그런데 2년이 지난 후 모두는 비로소 알게 되었다. 그 젊은 스님은 일본에 가서 "세계불교도 연합회의"에 참석한 후 놀랍게도 일본에서 환속하고 돌아오지 않았다고 한다.

8. 여자스님은 젊은 남자스님을 대하는데 응당 공경하고 존중해야 한다. 하지만 만약 그와 이런저런 쓸데없는 대화를 하다 보면, 과실이 발생할 수 있다. 우리는 장엄하게 불법승 삼보를 공경해야 한다. 만약 아는 스님이나 모르는 스님을 보면, 우리는 정중하게 말해야 한다. "스님, 아미타불!" 그러면 우리는 이익을 얻을 수 있을 것이다. 그러나 경시하면서 이렇게 생각해서는 안 된다. '우리는 여자스님이고 그대는 남자스님이니, 우리를 귀찮게 하면 안 되지!' 이러는 것이 아니다. 우리가 법사를 공경하고, 그가 만약 본래 날뛰는 마음을 억누를 수 없다면, 우리가 공경하기 때문에 그 남자스님은 스스로 마음속으로 부끄러움을 느낄 것이다. 하지만 부끄러움을 그대(여자스님)에게 보여주는 것이 아니며, 이것은 형상이 없는 것이다. 이렇게 하면 남자스님도 이익을 얻을 수 있을 것이다.

성내는 마음 가라앉히면 편안히 잘 수 있고
성내는 마음 가라앉히면 근심과 걱정이 없어지느니라.
성냄은 깨달음의 씨앗을 해치는 독의 근본이 되나니라.
그래서 성냄을 없애고 인욕을 실천하는 사람을
모든 성인은 칭찬한다.
- 잡아함경

제25장 비구니 스님에 대한 훈계

1. 여인의 몸은 업장이 매우 중하여 오백(500) 조목의 계를 닦아야 하고, 남자는 단지 이백오십(250) 조목의 계를 닦아야 한다.

2. 여자스님은 남자스님에 비하여 오백 세(世)를 더 많이 닦아야 한다.

3. 용녀(龍女)는 몇 겁의 세월 동안 잘 수행하여 이미 남자의 몸으로 바꿀 시기가 임박하였으며, 비로소 이(법화경에서 부처님의 법문을 듣고 바로 성불한 이야기)와 같을 수 있었다. 일반적으로 여자스님은 수행하는데 있어서 마지막에는 남자의 몸으로 바꾸어야 한다. 법사가 되어 중생을 제도하고 보살도를 행하여야 비로소 불도를 성취할 가능성이 있다. 만약 여자의 몸으로 직접 불도를 성취하려고 하면, 그것은 불가능한 일이다. 관세음보살도 남자의 모습으로 바꾸어서 비로소 성불하신 것이다.

4. 여자의 몸으로 태어나서 출가하여 대선지식을 만나고, 또한 안정된 도량이 있다면, 마땅히 큰 다행으로 여기고 빨리 수행을 해서 자기의 성미를 바꾸고, 좋지 않은 생각과 관념을 바꾸어야 한다.

5. 여자스님은 출가하여 이미 대장부의 모습을 나타내어 반쯤은 남자의 몸과 같으니, 여자의 자태를 드러내면 안 될 것이다. 그렇지 않으면 습기를 바꾸지 못할 뿐 아니라, 도리어 사람들에게 번뇌를 일으키게 하여 더욱 업을 지을 것이다.

6. 여자의 출가는 쉽지 않으며, 하물며 다른 곳에 가서 참학(參學)하는 것이랴? 따라서 자기(자기에게 일어나는 탐욕, 분노, 어리석은, 아만, 의심)를 참학해야 하며, 남자스님은 도처에 가서 참학할 수 있다.

7. 너희들 여자스님은 이미 (감정이 중한) 중병에 오염되어 있으니, 다시 애정을 중시하거나 애별리고(愛別離苦)하지 말 것이다. 두 여스님이 함께 자기를 좋아하며, 너는 왜 나와 잘 지내지 못하는가 라고 말한다. 서로 떨어지고 멀리해야 하며, 만약 집착하다 보면 바로 삿되게 된다.

8. 만약 도심을 가지고 4, 50세까지 수행하여 걸림이 없게 되면, 비구니 스님은 비로소 약간 자재롭게 되지만, 아직 매우 자재한 것은 아니다. 만약 도를 깨닫지 못하면, 비록 4, 50세에 이르러도, 번뇌는 여전히 존재하고 또한 전도(轉倒)됨을 이루기 쉽다.

9. 출가하면 정념을 가져야 하고, 부처의 종자를 가져야 한다. 몸은 출가하였지만 마음은 세속인과 같으면 안 될 것이다. 그러면 애정의 고통이 올 것이며, 나중에는 수행할 수가 없게 된다. 결혼하고 싶어도 되지 않고, 진퇴양난이 된다. 출가했으면 다행이라고 느끼고, 잘못된 길을 걸어가서는 안 될 것이다. 잘 수행하면 비로소 서방극락에 왕생할 수 있다.

여래의 방이란,
일체중생을 감싸는
대자비심大慈悲心이 그것이니라.
여래의 옷이란,
부드럽고 화평한
인욕심忍辱心이 그것이니라.
여래의 자리란,
온갖 것이 공하다(一切法皆空)는
도리가 그것이니라.
-묘법연화경 '법사품'

제26장 절에서의 일

1. 남의 기분을 상하게 하는 것을 겁내지 말고, 자기의 맡은 일을 잘 처리해야 한다. 해야 할 말은 마땅히 하고 인과에 떨어지지 않으려면 인정에 매이지 말아야 할 것이다. (차라리 사람을 잃을지언정, 인과를 잃지 않아야 한다.)

2. 일을 하는 데는 인내심을 가져야 하며, 환경을 깨끗이 하고, 또한 이와 같이 자기의 마음도 청정하게 해야 한다. 한편으로는 일을 하면서 한편으로는 염불하며 방일하지 않아야 하며, 의식이 달아나지 않게 해야, 비로소 몸과 입과 뜻이 청정할 것이다.

3. 출가하여 수행하려면 발심하여 복을 배양하고 공덕을 닦아야 한다. 남이 하지 않는 것을 우리가 하고, 남이 보지 못하고 우리가 본 곳은 우리가 가서 처리한다. 설령 다른 사람이 휴식할 때라도 아직 일을 다 하지 못한 것을 그대가 보았다면, 또한 언제라도 발심하여 처리할 것이다.

그러나 "그것은 나의 업무가 아니고, 나의 일이 아니다."라고 말해서는 안 된다. 이렇게 생각하지 말아야 하며, 그렇지 않으면 공덕이 없을 뿐 아니라, 수행 상에서 돌파할 방법이 없다. 마땅히 언제라도 발심해야 한다. 왜냐하면 출가의 이 법은 무상(無上)의 법으로서 만약 절이 없으면, 불도를 성취할 수 없기 때문이다.

4. 일을 하는 것은 남을 위해서 하는 것이 아니고, 또한 마땅히 해야 되는 것도 아니라, 자기의 업장을 소멸하기 위함이다. 많은 사람이 함께 일을 하는데 만약 못하는 사람이 있으면 우리가 그에게 가르쳐주며, 만약 그가 일을 잘 하지 못하면, 우리가 그를 도와 일을 처리하게 한다. 너무 분명하게 일을 나누지 말 것이니, 그가 못하면 그대는 곧 번뇌를 일으키게 된다. 그가 못하면 그대 자신이 대신 해주어야 하며, 자비심을 가져야 할 것이다.

5. 수행이 어찌 쉽다고 하겠는가? 하나의 수행자가 되는 것은 그렇게 간단한 것이 아니다. 우리는 탐·진·치·만·의(貪瞋癡慢疑)를 아직 끊지 못했으며, 지금 단지 절에서 맡은 소임의 기회를 빌려 우리의 심지(心志)를 단련하는 것이며,

탐진치가 끊어져야 비로소 도에 들어갔다고 할 수 있다.

6. 소임을 맡은 사람은 탐하면 안 된다. 한 포기의 풀이나 한 방울의 물을 탐하는 것도 소멸하기 어려워 여전히 생사에 윤회해야 한다. 약간이라도 탐하는 마음이 있으면 업장이 있는 것이다.

7. 고행을 닦는 것은 각종 소임으로부터 단련하며, 일하는 가운데 힘든 것을 감당하고, 인내할 수 있어야 한다. 한 번, 두 번 그렇게 견디다 보면 곧 힘듦을 느끼지 못하는데, 이것이 바로 업장이 점점 소멸되는 것이다. 만약 수행할수록 고통과 번뇌를 느낀다면, 그것은 업장이 뒤섞이는 것이다. 불보살도 이미 고행 가운데서 단련하여 업장이 다 소멸되어 고뇌의 느낌을 느끼지 못하고, 무슨 일을 하든지 매우 자재하여 무엇을 하고 있다고 느끼지 않으며, 또한 자기가 중생을 제도한다고 생각하지 않는다.

8. 자기의 맡은 소임을 힘써 지켜야 한다. 만약 잘 먹고 게으르게 일을 하며 소임을 다하지 못하면, 복의 과보를 다 사용하게 되어 업장이 도래하면 자연히 머물지 못하게 된다.

9. 재가인이 하루종일 바쁘게 일하는 것은 바로 명리와 명망을 추구하는 것으로서 물질상에서 잘 먹고 잘 입고 잘 머물기를 바라는 것이다. 그러나 출가인이 일을 하는 것은 두뇌를 훈련하기 위함이며, 일이 많음을 구하지 않으며, 또한 급하게 할 필요도 없다. 더욱 다른 사람의 찬탄을 얻으려고 하는 것도 아니고, 또한 무엇을 추구함이 없다.

10. 일을 함에 있어서는 두뇌를 사용하여 사고해야 하며, 남이 이렇게 하라고 말한다고 그대로 해서는 안 되며, 판단능력이 있어야 한다. 그렇지 않으면 어찌 한 마리의 어리석은 개와 같지 않겠는가? 사람이 돌멩이 하나를 던지면 개는 던진 것이 무엇인지도 모르고 던진 사람을 쫓아가 문다.

11. 일을 하는 것은 우리의 두뇌를 훈련하는 것이며, 할 일이 있어야 비로소 망상을 짓지 않을 것이다.

12. 망상이 많은 사람은 반드시 약간의 잡무를 하면서 생각을 (그곳에) 맡기는 것이 좋다. 그렇지 않으면 망상이 분분하여 염불을 하려고 해도

염해지지 않는다. 단지 선근이 예리한 사람이라야 조용하게 염불해 나갈 수 있다. 한편으로 일을 하고 한편으로 염불하면, 점점 일을 하고 있다는 것을 느끼지 못하고, 자연히 평등심이 생길 것이다.

13. 일을 하면서 마음을 조절해야 비로소 마음은 어지러운 생각을 하지 않을 것이다. 우리 출가인이 일을 하는 것은 재가인이 하는 것과 같지 않다. 즉 쓰는 마음이 같지 않고 사상이 같지 않다. 재가인이 일을 하는 것은 돈을 벌기 위함이지만, 출가인이 일을 하는 것은 도와 부합하는 것이다. 그렇지 않으면 보기로는 재가인과 같아서 모두 세 끼의 밥을 위하여 일을 하는 것이 될 것이다.

14. 마음이 만약 청정하면 정신이 있어서 일을 하는 것도 활력이 있을 것이다.

15. 두뇌는 적게 사용하라. 이 말은 두뇌를 사용하지 않고 일을 하라는 것이 아니라, 일을 만나 일을 하면 되고 다시 그대와 내가 옳고 그름을 분별하지 말고, 사람을 대하는 것도 같다는 뜻이다.

16. 물었다. "스님께서 우리에게 집착하지 말라고 가르치시지만, 그러나 만약 집착하지 않으면, 일을 어떻게 잘 처리할 수 있습니까?"

스님께서 말씀하였다. "집착하지 않고 일을 처리하는 것은 결코 마음대로 하는 것이 아니라, 마음을 다하여 하라는 것이다. 그러나 일을 다 마쳤으면 된 것이다. 만약 마음이 줄곧 그 일에 걸림이 있어 놓지 못하면, 그것이 바로 집착이다. 집착하지 않아야 비로소 일을 잘 처리할 수 있으며, 만약 집착하면 도리어 잘 처리하지 못한다. 집착하면 지혜가 없어지니, 일을 처리하는 데도 선정력이 있어야 한다."

17. 불법은 원만한 것으로서 권교방편으로 변통(變通)할 수 있는 것이며, 결코 모가 난 것이 아니다. 언제나 넓은 아량으로 도량이 커야 하며, 자신의 입장에 과실(過失)이 없어야 하며, 다른 사람이 어떤 것은 다른 사람의 행위로서 자기와는 무관하다. 수행은 바로 우리가 사람이 되고 일을 하는 태도를 훈련하는 것이다.

18. 일을 할 때는 기꺼이 하려는 마음으로 해야 비로소 지혜가 열릴 수 있다.

19. 절의 일을 하는 것은 조건이 없는 것이니, 일을 하면서 하늘을 원망하고 남을 탓하지 말아야 한다.

20. 절은 혜명(慧命: 지혜의 목숨)이 깃든 곳으로 절이 있어야 비로소 우리가 있다. 따라서 우리는 마땅히 절을 위하여 어떠한 일이라도 해야 하며, 생명의 안위도 계교하지 말아야 한다.

21. 오전, 전(傳)모 스님이 주방에서 식사를 준비하면서 번뇌가 일어나 그릇과 쟁반을 깨트렸다. 노스님은 객실에서 곧 당시 현장에 있던 몇 명의 출가제자들에게 말씀하였다. "소임을 맡은 스님은 반드시 계를 받아야 비로소 계율의 인과를 알며, 그래야 어지럽게 오지 않을 것이다. 계를 받지 않은 사람은 인과를 범하지 않게 단지 잡무를 도울 수 있다. 예를 들면 공양간의 일은 그곳에 감재(監齋)보살이 순환하며 감시하니, 무명번뇌를 일으켜 사람과 다투거나 혹은 물건을 함부로 던져서는 안 된다. 이렇게 하면 업장에 도리어 얽힐 뿐 아니라 죄업을 가중시켜 지옥에 그대의 지분이 있게 된다. 이전에 관세음보살, 문수보살, 보현보살도 주방에서 인지(因地)의 수행을 닦았다.

대륙의 총림에서는 공양간에는 관계자 외에
다른 사람은 들어올 수 없으며, 설령 주지라도
일이 있어야 비로소 들어갈 수 있다. 왜냐하면
혹시 모를 도둑의 혐의를 피하기 위함이다. 지금
과 같이 아무나 들어가고 나오며, 모여서 잡담하
는 것과는 같지 않았다.

출가인은 계율에 정통해야 하며, 모든 일에 경
계를 만나면 곧 어떻게 해야 할지를 알고 인과
를 알기 위해서는 계학으로 장엄해야 한다. 계는
바로 인욕을 배워야 하며, 인욕은 제일의 도로서
계가 있어야 비로소 정(定)과 혜(慧)가 있을 수
있다."

22. 주방에서 소임을 맡은 사람이 인욕할 줄 모
르고, 자기의 잘못을 부끄러워할 줄 모르고, 일
마다 남과 옳고 그름을 다투면서 무명번뇌를 일
으키면, 속가의 사람보다 더욱 나쁘다. 이렇게
하면 한평생 공양간에서 밥을 지어도 생사를 벗
어날 수 없다.

23. 일을 하는 것은 마치 놀이를 하는 것과 같
다.(아무 일이 없는 듯이 해야 한다는 뜻) 하지
만 마음에는 중심이 있어서 바깥 경계에 움직이
지 않아야 한다.

24. 자기의 소임은 자기의 힘에 따라 해야 한다. 얼마를 할 수 있으면 그만큼 하며, 남의 도움을 청할 필요가 없다. 각자의 직분에 따라 스스로 발심하여 스스로 할 것이며, 다른 사람을 귀찮게 할 필요가 없으며, 그렇지 않으면 아마도 남에게 번뇌를 일으키게 할 수 있다. 만약 그가 기쁘게 도와주면 괜찮다. 갖가지의 일을 하는 것은 모두 수행이니, 따질 필요가 없다.

25. 소임을 맡은 사람은 남들의 말에 두려워하지 않는 기백이 있어야 한다. 만약 이것을 두려워하고 저것을 겁내면서 다른 사람이 말하는 시시비비를 두려워하여 온 마음이 죽은 듯이 속박된다면, 이것은 절대로 해탈의 도가 아니다.

26. 일마다 모두 이치에 밝아야 하고 남들에게 수순할 수 있어야, 비로소 사람을 지도할 수 있다. 그렇지 않고 자기가 이치에 밝지 못하면 어떻게 사람을 지도할 수 있겠는가? 우리 출가인은 불법과 불법의 도리로 다른 사람을 지도하고 교화해야 하며, 그렇지 않으면 세속의 활동으로 변할 것이다. 일을 함에 다른 사람을 수순할 수 없으면, 바로 도량(度量)이 없는 것이다.

27. 출가인은 자비를 중시하며, 세속의 법으로 남을 관리하는 것이 아니라, 행위로써 실천하여 남에게 보여주어야 한다.

28. 일하는 것을 보면 곧 알 수 있다. 일을 전심으로 마음을 써서 하면, 불법을 배우고 염불하는 것도 전심으로 할 수 있다. 자기에게 느낌이 있게 되는데, 일하는 과정에서 어디가 깨끗하지 못한지도 알 수 있으며, 즉 땅 위에 한 알의 모래라도 안다.(즉 감각으로 느낀다) 즉 하나의 일을 남이 말하면 곧 어떻게 해야 할지를 안다.

29. 일을 하는 것은 우리를 단련하는 것이다. 일을 하는데 만약 마음을 관하여 전심으로 하여 한 가지 일을 전념할 수 있으면, 다른 일도 전념할 수 있으며, 일하면서 염불할 수 있다. 같은 이치로 하나의 이치를 통달하면 만 가지의 이치도 통하게 된다.

30. 한편으로 일하면서 한편으로 염불하면, 곧 지옥, 인과, 윤회 등이 있음을 느낄 수 있으며, 그래야 비로소 경각심을 가지고 빨리 염불하여 서방극락을 구해야 한다.

31. 염불은 움직임 가운데서 하면서 자기의 일과 조화할 수 있어야 한다. 일하면서 염불하여 온 마음이 고요해질 수 있어야 하며, 한 구(句)의 불호를 명료하게 들으면 잡념이 없이 청정해져서 "자성이 염하여 자성이 들으며[自性念來自性聽]", 염불하여 일심불란(一心不亂)에 이르게 된다.

서로 싸우지 말라
만일 말로써
옳고 그름을 가리려 하면
한평생을 싸워도
끝날 날이 없을 것이다.
오직 참는 것만이
진실로 언쟁言爭을
끝낼 수 있나니
이러한 가르침이야말로
존귀하다 할 만하다.
- 중아함경

제27장 신도의 접견

1. 출가인은 자기의 임무가 어디에 있는지를 이해해야 한다. 출가인은 재가인이 복을 짓고, 업장을 소멸하는 것을 도와야 한다. 돈 있는 시주에게 아첨하지 말 것이며, 그렇지 않으면 재가인의 업장을 더욱 가중시킬 것이다. 재가인으로 하여금 출가인이 권세나 재물에 빌붙는 인간이라고 말하게 하여 재가인이 구업을 짓게 해서는 안 된다. 재가인도 절에서 자기를 잘 접대하기를 요구하지 않아야 한다. 가령 재가인이 절에서 자기를 잘 접대하기를 요구한다면, 복을 심고 재난을 소멸할 수 없을 뿐 아니라, 도리어 죄업을 증장시킬 것이다. 재가인과 출가인은 서로 이해해야 한다.

2. 우리는 출가하여 마음을 닦는데, 마음은 어떻게 닦아야 하는가? 바로 분별심이 없는 것이며, 마음이 청정하면 바로 부처이다. 우리는 돌아가며 소임을 맡아 시방의 대중들과 접촉하는데, 상대방을 분별하면 안 될 것이다. 속가든 출가든

불문하고 일률적으로 평등하게 대하여 분별심을 일으키지 않아야 한다. 우리가 중생을 제도하는 것은 바로 이러한 분별심이 없는 마음으로 중생을 제도한다. 속가인은 이런 도리를 모르고 모든 일에 좋고 나쁨을 논하고, 옳고 그름을 분별하고, 좋아하고 싫어함을 구별한다.

그러나 우리 출가인은 옳거나 그르거나 좋거나 나쁘거나를 불문하고, 표면적으로 단지 예, 예, 하면서 응대한다. 귀로 듣는 것과 눈으로 보는 것을 막론하고, 마음으로 분별을 일으키지 않고 그것을 집착하지 않으니, 이것이 바로 마음의 출가이다. 출가인이 만약 여전히 하루종일 이 사람은 좋고, 저 사람은 좋지 않다고 말하거나, 옳고 그른 것을 따진다면, 이것은 바로 몸은 출가했지만 마음은 출가하지 않은 것이다.

3. 모모스님이 처음 절의 종무소 서기 직책을 맡았을 때, 매일 오고 가는 신도들을 많이 대면해야 하였다. 그는 출가한 지 오래 되지 않아서 아직 어떻게 응대해야 하는지를 몰랐다. 오전에 신도들을 접대한 후 노스님은 그 스님에게 말씀하였다.

"세속 사회에서는 빈부귀천을 나누지만, 불교의 문중에서는 높고 낮음의 구별이 없다. 가난하고 부유하거나, 존귀하고 하천하거나를 막론하고, 일률적으로 자비심으로 평등하게 접대하여 세세생생 널리 중생과 좋은 인연을 맺어야 할 것이다. 이렇게 하면 우리가 중생을 제도하고 부처를 이루는 과정에서 비로소 수승한 인연이 있을 것이다. 중생에게 선과 악이 있다고 말하지 말라. 모든 선악은 우리의 분별이다. 만약 진정으로 수행할 줄 아는 사람에게는 일체중생이 모두 우리의 선지식이다. 시방의 시주(施主)는 삼보를 공양하고 복을 심으나, 절에서도 시방의 중생에게 돌려주어야 한다. 이렇게 하면 시방에서 오고 시방으로 가서 일체중생이 불법의 은택(恩澤)을 받을 수 있을 것이다."

4. 모모스님이 종무소의 서기를 맡아 신도들을 위하는 갖가지의 사무로 인하여 번뇌가 많이 일어났으며, 노스님이 그 스님에게 말씀하였다. "우리가 출가 수행하는 것은 덕을 취하는 것이니, 사람이 되는 것이 첫 번째이다. 절에 오는 신도들에게는 상대방이 어떠하든지, 우리는 응대해야 하지만, 절대로 악의를 가져서는 안 될 것이다."

5. 비구의 모습은 즉 부처의 모습이다. 비구스님

이 절에 오시면, 안부를 묻고 접대해야 하며, 다시 그 스님에게 수행이 있든지 없든지를 분별하지 말아야 한다.

6. 신도가 물건을 가지고 와서 공양하는 것은 복을 구하는 것이다. 설령 한 포기의 풀을 공양하더라도, 우리는 즐거운 마음으로 받아들여야 한다. 만약 신도가 좋은 물건을 가지고 온다고 우리가 그것을 위하여 탐하는 생각을 일으키면, 도를 깨달을 수 없을 것이다. 만약 나쁜 물건을 가지고 올 때, 우리는 그것을 삶아서 먹기 좋은 것으로 만들면, 복과 지혜를 같이 닦는 것이다. 만약 적당하게 처리하지 못하고 도리어 나쁜 물건을 가지고 왔다고 신도를 비평하면, 자기가 번뇌를 일으키고 아울러 구업을 짓는 것이다.

7. 신도가 오면 좋은 말로 인사하고 그들이 예불하고, 공양하며, 절 구경을 하게 해야 한다. 이것은 좋은 인연을 맺는 것이며, 또한 수행이기도 하다. 제일 중요한 점은 언제나 출가인의 고상한 모습을 드러내서는 안 되며, 이렇게 하면 수행이 어느 정도에 이르지 못한 것이며, 신도 그들도 수행하고 있다는 것을 알아야 한다. 보살도를 행해야 하며, 나쁜 행을 닦지 말고 좋은 행

을 닦아야 한다. 다른 사람에게 조목조목 따지거나 욕하지 않아야 한다. 예를 들면 어떤 신도가 주방에 와서 물건을 가지러 오면, "무슨 일이 있습니까? 어떤 물건이 필요합니까? 내가 도와드릴게요." 하면서 잘 물어봐야 하고, 좋지 않은 태도로 대하지 않아야 할 것이다. 이렇게 해야 비로소 중생을 제도할 수 있으며, 그렇지 않으면 다른 사람이 보고 다음과 같이 말할 것이다. "출가인은 저렇게 하면 안 되지, 무슨 좋은 점이 있겠는가?" 수행은 지혜가 있어야 하며, 무슨 일을 만나면 잘 대처할 줄 알아야 하며, 말하는 것도 어떻게 말해야 비로소 원융하게 되는지를 알아야 한다. 자기가 확고해야 다른 사람도 기쁘게 받아들이고, 또한 구업을 짓지 않는다. 따라서 우리는 자비심을 기르고, 보살행을 해야 한다.

8. 출가인은 중생과 널리 좋은 인연을 맺어야 한다. 신도가 오면 잘 접대할 것이며, 이러한 것을 원만하게 잘하면, 이후에 저절로 우리의 복과 지혜를 열 수 있을 것이다. 따라서 중생과 널리 인연을 맺는 것은 우리 출가스님에게는 매우 중요한 것이다.

9. 보살이 중생을 제도하려면 먼저 널리 사람들

과 인연을 잘 맺어야 한다. 신도를 보면 인사를 해야 하지만, 반연(攀緣)하거나, 나는 출가인이고, 당신들은 재가인이라는 아만심을 드러내서는 안 된다. 먹고 입고 머물며 생활하는 모든 비용은 시주가 공양한 것임을 우리는 알아야 한다.

10. 신도를 접대하고 응대할 때는 불법을 이야기해야 할 것이며, 신도가 만약 그대에게 세속의 말을 하면, 곧 "죄송합니다, 저는 지금 시간이 없으니, 당신은 부처님께 예배하거나 절 구경 하십시오."라고 말한다. 불량한 신도를 만나면, 아는 체를 하지 않는 것이 옳다. 동전은 두 개가 만나면 소리나지 않음이 없으니까.

11. 사회인과 교류하고 접대하는 것은 단지 의례적인 접대이니, 접대하는 마음에도 주인이 있고, 불법이 있어야 하며, 사회인과 세속의 일을 담론하지 말고, 불법을 논해야 한다.

12. 노스님이 신도에게 법문하시기를, "공양할 때는 다음과 같이 묵념할 것이다. '원하옵니다. 모든 악을 끊고, 모든 선을 닦으며, 일체 중생을 제도하기를 원합니다.' 이른바 모든 악을 끊기를 원하는 것은 우리가 젓가락으로 맛있는 음식을

다투어 집으려는 동시에 곧 일종의 악념이 생긴
다는 것을 알아야 한다."

13. 행주좌와에 모두 염불할 것이며, 마음을 안
정하여 염해야 곧 깨달을 수 있을 것이다. 우리
의 마음은 하루종일 바깥에 있으니, 자기의 마음
이 "아미타불"에 있는지를 관조하지 못한다. 마
음을 신도나 혹은 바깥의 경계에 두면 안 된다.

보살이 중생에게 수순할 수 있으면
곧 제불께 수순하여 공양함이 되며,
중생을 존중하여 받들어 모시면
곧 여래를 존중하여 받들어 모심이 되며,
중생으로 하여금 환희심이 나게 하면
곧 일체여래로 하여금 환희심이 나게 하느니라.
왜 그러한가?
제불여래께서는 대비심을 체로 삼는 까닭에
중생으로 인하여 대비심을 일으키고,
대비심으로 인하여 보리심을 발하며,
보리심으로 인하여 등정각을 성취하니라.
-화엄경 보현행원품

보현보살 제구원왕

항순중생 恒順衆生

제28장 홍법(弘法)과 중생제도

1. 중생을 제도한다고? 요즘 사람들은 더욱 사치스럽고 탐하는 생각이 치성하여 불법과는 갈수록 멀어지는데, 그렇게 중생이 많은데 어떻게 다 제도하려는가?

2. 불보살의 업과 마음에 걸리는 것은 바로 중생이다.

3. 과거의 불보살은 각각 원력이 같지 않았다. 마치 아미타불의 48대원, 약사불의 12대원과 같이…… 수행인은 마땅히 불보살을 본받아 각자 최소 하나의 원을 발하여 영원히 지니면서 잃지 않고 곧장 부처를 이룰 때까지 지속해야 할 것이다. 하지만 이것은 홍법(弘法: 불법을 널리 전함)과 중생제도의 원이고, 불과(佛果)를 원만히 증득하는 원이며, 절을 크게 짓고 편하게 머물려는 원이 아니다. 만약 이러한 원을 발한다면, 정말로 너무 가련하다!

4. 믿음, 발원, 수행에서 수행은 발원으로부터 오는 것이다. 만약 원력이 없으면 수행할 수 없다. 마치 지장왕보살의 "지옥이 비지 않으면 성불하지 않으려는" 대원과 같이 그는 중생을 가엾이 여기고, 자비희사(慈悲喜捨)의 큰 원으로 이미 성불하였다. 따라서 보살행을 하는 사람은 줄곧 이타(利他: 남을 위함) 하면서 남을 위하는 수행을 행하는 것이 바로 무아(無我)이다. 이렇게 수지(修持)하는 것이 바로 "자기도 제도하고 남도 제도하는" 것이다. 비록 중생을 다 제도하지 못할지라도, 이미 먼저 자기를 제도한 것이다.

5. 수행하여 부처를 이루고, 보살행을 하며, 나아가 널리 중생을 제도하는 것은 모두 우리 마음의 원력에 의지한다. 만약 마음속의 원력이 굳고 강하면, 반드시 중첩된 난관을 건너고 마음이 물러나지 않을 수 있다. 만약 확실히 착실하게 실천하여 어느 정도 수행이 이르면, 자연히 불보살과 천룡팔부는 감응하여 그대를 보호할 것이며, 원하고 바라는 것을 이룰 것이다.

6. 우리가 출가한 의미는 바로 은혜와 원한을 그치고 끊는 것이며, 원수와 친한 이를 평등하게 대하고, 악인과 원한이 있는 사람을 대하여 평등

하게 발원하여 그들을 제도하여 함께 성불할 것을 발원해야 한다. 이렇게 해야 우리는 비로소 평등하게 자비심을 일으킬 수 있다.

7. 수행은 곧 자기의 마음을 닦는 것이다. 마음이 만약 청정하면 모든 것이 걸리지 않는다. 중생을 제도하는 것도 자기의 마음속에서 제도하는 것이니, 바깥으로 나가 힘들 필요가 없으며, 한곳에 머물면서 인연을 따라 중생을 제도할 수 있다. 또한 반드시 지식인을 선택할 필요가 없으며, 태생, 난생, 습생, 화생의 모든 중생을 평등하게 제도하며 분별이 없어야 한다. 빈천하고, 우치하며, 전도되고 미친 무리들도 제도해야 한다.

8. 수행인은 "위로는 불도를 구하고, 아래로는 중생을 교화하려는" 원력을 가져야 한다. 그러나 원력을 행하는 가운데서 반드시 먼저 자기를 제도해야, 비로소 널리 중생을 제도할 수 있는 역량이 생기게 된다. 그러므로 의식주와 명리(名利), 세간의 애정, 집착 등등에 대하여 간파하고 놓아야 하며, 몸과 마음이 청정하고 걸리는 바가 없어야, 비로소 "불법을 널리 펴고 중생을 제도한다[弘法利生]"고 말할 수 있다. 그렇지 않으면

자기의 몸도 아직 제도하지 못하여 여전히 세간의 명예와 이양(利養) 등 갖가지에 속박되면서 어떻게 다른 사람을 교화하고, 널리 중생을 이롭게 할 수 있겠는가?

9. 출가인이 되었으면 일상생활의 의식주(衣食住)와 명예와 이익 등 각 방면에서 간파하고 놓아서 모든 것을 담박하게 해야 한다. 자신의 갖가지 행위와 표현으로 중생을 감동시키고, 인간과 천상의 모범이 되어서 중생의 공경을 받아야 할 것이다. 더욱이 이러한 고행과 이타(利他)의 마음을 가슴에 품고 타인을 원만하게 하고, 이롭게 하며, 감동시켜야, 비로소 출가인의 행동거지와 중생제도의 바른 방법이 된다. 법사의 티를 내거나, 잘 먹고 잘 머물면서 모든 것으로 남을 힘들게 해서는 안 된다. 법사가 만약 자신의 의식(衣食)과 명예와 이양(利養)의 각 방면에서 철저하게 간파하고 놓아버리지 못하면, 그는 자기도 제도하고 남도 제도하는 방면에서 여전히 갖가지의 곤란이 존재할 것이다. 한 사람의 수행자는 자기를 제도하는 시기에는 반드시 의복, 음식, 명예, 이익, 세간의 애정 등 갖가지의 면에서 모두 간파하고 놓아버릴 수 있어야, 걸림이 없게 되고, 자신이 해탈할 수 있다. 그리고 속박

을 받지 않고, 연루됨을 받지 않아서 비로소 자신이 이미 생사를 마쳤다고 할 수 있으며, 비로소 나와서 중생을 제도하고 공양을 받을 수 있다. 다시 이 공양을 중생을 이롭게 하는 사업에 베풀 수 있으며, 시주의 공양과 보시의 공덕이 시방으로 두루 미칠 수 있다. 공양을 받은 사람이 만약 세 마음(과거심, 현재심, 미래심)을 깨닫지 못하고, 함부로 먹으며 참괴(慚愧)의 마음을 품지 않고, 그 공양을 당연한 것으로 여긴다면, 털을 걸치고 뿔을 지게 되는데, 그대의 몫이 있게 될 것이다.

10. "먼저 집안을 다스린 후 다시 나라를 다스린다." 스승께서는 집을 자기의 습기(習氣)와 무명 번뇌의 종자로 비유하고, 나라를 대중으로 비유하였다. 이 뜻은 먼저 자기의 습기와 무명번뇌를 제거하고, 다시 자기의 덕행으로 남을 감화시키고, 대중을 다스려야 한다는 것이다.

11. 출가인은 자비를 근본으로 삼고, 방편을 문으로 삼는다. 모든 보리도(菩提道)의 과(果)는 자비로부터 나오는 것이다.

12. 큰 원을 발해야 한다. 다른 사람이 먼저 성

불하고 나서 내가 비로소 성불한다. 간단하게 말하면, 모든 일에서 다른 사람을 돕고, 다른 사람이 그 마음이 편안하고, 편안하게 도를 닦을 수 있도록 돕는다. 아는 것을 다른 사람에게 말하여 지혜가 증장할 수 있도록 한다. 타인이 먼저 성불하고 내가 성불하며, 질투심을 가져서는 안 된다.

13. 한 분의 보살이 되어야 하며, 자기만 좋으면 되고 다른 사람이 죽든지 살든지 상관없다고 생각해서는 안 된다. 마땅히 다른 사람을 중요하게 여기고, 자기는 괜찮다고 생각하며, 타인을 이롭게 해야 할 것이다. 만약 오직 자기를 이롭게 하려고 하면, 무명번뇌가 한 무더기로 일어날 것이다.

14. 불법을 널리 펴고 중생을 이롭게 하는 것은 바로 자기를 희생하는 것이다.

15. 불법은 세간법을 떠나지 않는다고 하는데, 이것은 바로 사람을 제도하려면 법을 설할 때 사회상의 인과관계를 포함해서 말하고, 사회와 교류를 해야 함을 비유한 것이다. 그리고 세간은 불법을 떠나지 않는다고 한 것은 바로 사회상의

갖가지 모든 것은 불법을 의지해야 비로소 선을
권장하고 악을 제거할 수 있다는 뜻이다.

16. 유교(儒敎)는 충효(忠孝)를 선양하고, 불교도
사유(四維: 예禮 의義 염廉 치恥)와 팔덕(八德: 인
仁 의義 예禮 지智 충忠 신信 효孝 제悌)을 중요
하게 본다. 가령 불교를 배우는 사람이 유교의
사유와 팔덕을 운용할 수 있으면, 전국의 사람이
불교를 배울 수 있으며, 불법으로 매 사람의 심
성을 도야할 수 있다. 이러면 사회는 안녕되고
국가는 부강할 것이다.

17. 세속인이 재물과 이익을 구하지만, 출가인은
중생으로 하여금 업을 적게 짓고, 생사를 벗어날
수 있게 한다. 만약 출가인도 명리를 구하면, 재
가인과 같으니, 재가인이 존경하지 않을 것이다.

18. 외도는 갖가지 방법으로 그대의 마음을 산
다. 혹은 물건을 사서 그대에게 보내거나, 혹은
말로써 그대의 마음을 미혹시키나, 불교는 그대
를 감화시키는 방법을 사용한다. 외도는 형식으
로 감화시키려 하지만, 불교는 무형식으로 감화
시키고, 도덕으로 사람을 감화시킨다.

19. 많은 신도들이 대학을 다니며, 불법을 깊이 믿어 강의하고 글을 쓸 줄 안다. 그러나 우리 출가인은 반드시 고행을 닦고 계정혜를 닦아야 하며, 무형식으로 사람을 감화시키고, 대학생이 불교에 대하여 진심으로 믿게 해야 한다. 만약 고행을 닦지 않으면, 강의하고 글을 쓸 줄 아는 대학생이 그대보다 강할 것이니, 어떻게 그대를 존경할 수 있겠는가?

20. 수행하여 지혜가 있게 될 때 두뇌는 자연히 맑고 영민하게 되어 무슨 일을 만나도, 원만하고 걸림없이 처리할 수 있다. 따라서 중생을 제도하고 교화하려면, 반드시 자기부터 먼저 제도해야 비로소 중생을 잘못 인도하지 않을 것이며, 동시에 다른 사람도 기쁘게 받아들일 것이다.

21. 지금 사람들이 불교를 배우면서 자기도 아직 제도하지 못하고 자신에게 여전히 한 무더기의 진흙이 묻어있으면서 곧 자기의 권속을 제도하려고 생각한다. 결과적으로 남을 제도하지 못할 뿐 아니라, 오히려 남에게 제도되고 만다. 불교를 배우는 사람이 자기를 제도하는 데는 시간이 없으면서 권속을 제도하려고 하지만, 권속에 걸리고 서로 장애가 된다. 이렇게 하면 세속의

생각을 바꾸기가 쉽지 않아서 수행하여 생사를 벗어나려고 해도 매우 어렵다.

22. 출가인은 일체가 일이 없는 듯 자기의 절에 머물고 자기의 본분에 안주하면서 인연따라 중생을 이롭게 해야 한다. 그렇지 않으면 본분을 벗어나게 될 것이다. 만약 신도와 어떤 일에 연루되면, 비록 중생을 제도한다고 말하지만, 실제로는 진로(塵勞: 생사)의 일이다. 이러한 중생제도 방법은 영원히 중생을 제도하지 못할 뿐 아니라, 자기의 몸도 생사의 번뇌 가운데로 얽혀들게 된다.

23. 우리와 같이 물든 옷[染色衣: 승복]을 입고 절의 일에 헌신하면, 바깥의 사람이 보면 또한 출가 스님들은 매우 하심한다고 느끼면서 저절로 우리에게 공양하려고 할 것이다. 그리하여 무형 중에 그들로 하여금 복을 심게 하여 그들을 제도하게 되는데, 이것도 불법을 널리 펴고 중생을 이롭게 하는 것이다.

24. 보살이 중생을 제도하고, 중생을 감응시키는 것은 모두 형상이 없는 방식으로 부지불식간에 자연스럽게 제도한 것이며, 결코 반드시 언어와

행동의 방식으로 중생을 제도하는 것이 아니다. 마치 불전(佛殿) 가운데의 관세음보살과 같이 그 곳에서 단정히 앉아 함이 없이[無爲] 많은 중생을 제도하여 부처님께 예배하러 오게 한다.

25. 나는 한 구의 아미타불로 서방극락에 가려는 것이 곤란하다고 느껴져 다른 것은 감히 하려고 생각하지 못하며, 또한 감히 불법을 널리 펴고 중생을 이롭게 하는[弘法利生] 것은 생각도 못한다. (편집자 주: 스승은 생각하시기를, 홍법이생은 무형 중의 감화로서 인연따라 자연스럽게 해야지, 억지로 구하면 안 된다는 뜻이다.)

26. 우리 출가인 중에서 어떤 사람은 중생을 제도하기 위하여 다시 이 사바세계에 오기를 발원한다. 그러나 이러한 원(願)은 또한 자신이 보살의 경계에 도달해야, 비로소 성공의 가망이 있을 것이다. 그렇지 않으면 한 번 와서 쉽게 미혹하여 (그러한 원을) 잃고, 다시 생사윤회 가운데로 얽혀들게 될 수 있으니, 이것은 매우 위험한 것이다.

27. "사람을 이루고 부처를 이룬다"고 하는데, 불법은 원융하고 선교방편(善巧方便)이 있는 것

이다. 수행인은 응당 엄격하게 자기를 규율하고, 남에게는 관대하게 대해야 하며, 무릇 일을 함에 있어서 인내심을 가져야 하고, 사람을 대함에 있어서는 큰 도량으로 관대하게 대하며, 자비로 포용하고, 인연을 따라 도와야 할 것이다. 이것이 바로 널리 좋은 인연을 맺는 것이다.

28. 대법사가 된 사람일수록 더욱 곳곳에서 근신(謹愼: 삼가다)해야 하며, 어떠한 때라도 사람을 존중하고 자비롭게 대해야 할 것이다.

29. 만약 우리가 참되게 수행하면, 천룡의 호법이 자연히 옹호하고, 자연히 몸과 마음에 두려움이 없을 것이며, 또한 우리를 상해하지 않을 것이다. 진정으로 수행이 있는 사람은 마음에 갖가지의 망상이 없으니, 중생이 모두 즐거이 친견하려고 하며, 사람마다 모두 인연을 맺으려고 할 것이다.

30. 중생제도는 정말로 쉽지 않다. 우리가 자비심을 발하면, 그들은 (우리를) 받아들이려고 할 것이며, 비로소 우리의 제도를 받아들일 것이다. 그들이 받아들이지 않으면, 제도할 방법이 없다. 그래서 모든 것은 자연스럽게 해야 하며, 그들이

우리를 보고 즐거워해야 할 것이다. 중생제도는 인연을 따라 교화하고, 자비심을 가슴에 품어야 하며, 자연스럽게 해야 하는 것이다. 따라서 이 인연은 매우 중요하다.

31. 선교방편의 법을 사용하여 부모님을 도에 들게 해야 한다. 착한 생각이 있으면 최소한 천상인과 인간이 될 수 있다.

32. 우리가 출가하여 가족을 제도해야 하며, 최소한 그들이 불교를 믿고, 채식하며, 살생을 하지 않게 해야 할 것이다. 그래야 비로소 원만하다.

제29장 환화(幻化)와 같은 인연

1. 자기가 생사를 벗어나는 것보다 더 중요한 것은 아무 것도 없다. 세간의 모든 것은 환화이며, 따라서 무슨 일이든지 내려놓는 것을 배워야 하며, 집착하지 말고 걸림이 없어야 한다. 다른 사람이 무엇을 하는 것은 그 사람의 일이니, 일마다 마음에 걸어두고 다른 사람을 따라 번뇌와 집착을 일으키지 않아야 할 것이다. 그렇지 않으면 육도윤회에서 벗어나기 어려울 것이다.

2. 이 사바세계에서 무슨 일이든지 간에 그것을 탐하고 연연하지 말아야 한다. 이러면 비로소 해탈의 길이 열려 임종 시에 곧바로 서방극락으로 갈 것이다.

3. 놓아버린다[放下]는 것은 결코 구두상으로 놓는 것이 아니라, 임종 시에 정념이 현전하여 조금도 가정(家庭)의 의식이 없고, 가족 친지와 이별하는 고통이 없는 것이다. 이렇게 해야 비로소 놓는 것이라고 할 수 있다. 만약 여전히 약간의

가정에 대한 생각이 존재하면 아직 생사에 윤회
하는 것이다.

4. 일념(一念)에 90개의 찰나(刹那)가 있고, 일
(一)찰나에 900 차례의 생멸(生滅)이 있다. 우리
는 매일 생각이 돌고 있는데, 단지 일념일 따름
이고, 곧 팔만일천 번의 생멸이 있는 것이다. 만
약 임종 시에 서방극락에 왕생하려고 할 때 막
하나의 생각이 일어나면, 윤회를 벗어날 방법이
없다. 그러므로 임종 시에 일념이 가장 중요하
다. 그러나 우리의 이 마음을 보라! 이 마음이
아상(我相), 인상(人相), 중생상(衆生相), 수자상
(壽者相)이 없을 때에 이르면 마음이 청정해지며,
이것이 비로소 서방극락이다.

5. 미국인이 물었다. "저는 정진할 때 하나의 생
각이 생겨도 그것을 따라가지 않으며, 단지 그것
을 신경쓰지 않습니다. 하지만 주의하는 마음은
있습니다."
　스승이 말씀하였다. "그대는 아직 주의하는 마
음이 있네."
　미국인이 물었다. "어떻게 해야 주의하지 않을
수 있습니까?"
　스승이 말씀하시길 "그대에게는 아직 어떠하

다는 하나의 염두(念頭)가 있어."

미국인이 말하였다. "오, 아직 하나의 염두가 있네요."

6. 어떤 일에 대해서도 모두 놓을 수 있어야 하며, 놓는 것이 바로 공부이다. 평소 어떤 일에 대해서도 걸림이 없으면, 임종 시에 염두가 일어나 계속 윤회하는 것을 면할 수 있다.

7. 육근이 육진을 대하는 모든 것을 버려야 한다. 만약 이 세간에 대하여 여전히 좋아하는 무엇이 있으면, 임종 시에 그것이 나타날 것이다. 놓아버려야 하고, 간파해야 비로소 생사를 뛰어넘을 수 있다.

8. 수행정진할 때 반드시 몸과 마음을 전부 내려놓아야 한다. 그렇지 않으면 비록 그곳에 정좌하며 겉으로 보기에는 장엄한 모습일지라도, 사실은 망상을 짓고 있는 것이다. 정념(正念)을 유지하는 것은 쉽지 않다. 만약 이 마음이 망상의 의식이라면, 바로 의식이 돌고 있는 것이다. 만약 마음이 부처라면 부처가 바로 마음이다.

신심(身心)과 세계를 전부 내려놓고 일심으로 부처님의 명호에 집중해야 하며, 그래야 비로소 정념을 유지할 수 있을 것이다. 우리는 평소 이러한 공부를 유지해 나가야, 임종 시에 비로소 정념을 유지할 수 있다. 부처를 이루는 것은 일념 사이에 있으며, 생사에 윤회하는 것도 일념 사이에 있다.

9. 어떤 거사가 물었다. "저는 산에서 염불할 때는 감응이 있었는데, 바로 저희 집에서 무슨 일이 발생해도 저는 모두 알 수 있었습니다."

스승이 말씀하였다. "그대에게 이러한 것이 있다는 것은 바로 정념이 없는 것이며, 집안일이 마음에 걸려 염불이 전일하지 못하였다. 잡념이 있으면 곧 정념이 없는 것이다. 그대가 방금 불교를 배운다고 말했는데, 불교를 배우는 것은 바로 세간에 대한 생각을 내려놓는 것이다."

10. 우리 수행인은 언제나 내려놓아야 하며, 그래야 임종 시에 비로소 걸림이 있지 않을 것이다. 그렇지 않고 평소 방일하면 임종 시에 반드시 위험하다. 따라서 일이 없을 때 마음은 고요해져서 좋고 나쁨이 없어진다. 이것이 바로 "경계에 무심함이다[對境無心]" 무심은 관여하지 않는 것이 아니라, 무슨 일이든지 좋고 나쁨이 없는 것이다. 이것이 비로소 참된 공부이다.

11. 불법은 마치 낙(樂), 명(明), 공(空)과 같이 경계에 집착하지 않는다. 경안(輕安: 몸과 마음이 가볍고 편안한 경계)하면 즐겁고[樂], 망념이 적으면 밝으며[明], 생각이 생하지 않으면 공하다[空]. 만약 즐거움에 집착하면 욕계천(欲界天)에 나고, 밝음에 집착하면 색계천(色界天)에 나며, 공함에 집착하면 무색계천(無色界天)에 난다.

12. 이 세간의 무엇이라도 모두 간파해야 한다. 재물을 탐해서도 안 될 뿐 아니라, 명예도 탐하면 안 되며, 사바세계에서는 미련을 가지거나 연연(戀戀)할만한 것이 하나도 없다. 우리 출가인은 더욱 세속의 모든 것을 버리고, 거친 옷과 담백한 식사를 하면서 고행을 닦아야 하며, 몸은 절의 일을 하고 대중을 이롭게 하며, 마음은 도업을 이루는데 집중해야 한다. 그래야 비로소 망념이 일어나지 않고, 업장이 저절로 소멸하며, 마음에 걸림이 없어질 것이다. 이렇게 자기의 본분을 지키면서 하루하루를 편안히 지낼 수 있으면, 이것이 바로 착실한 수행이다.

13. 여러분, 이 세계를 보세요. 모두는 꿈속에 빠져서 명리를 추구하며 서로를 쟁탈하고 있다. 그대가 좋으면 나는 당신보다 더욱 좋아야 하고,

그대가 강하면 나는 당신보다 더욱 강해지려고 한다. 각각의 사람은 모두 시합을 하면서 누구의 꿈이 가장 큰지를 본다. 결과적으로 이러한 명예와 이익은 태어나면서 가져오지 않고, 죽으면서도 가져가지 못하는데, 단지 헛되이 새로운 악업을 더 많이 짓고 만다. 그리하여 이번 생에는 더 아래로 떨어져서 사람의 몸도 얻기 어렵게 된다.

14. 좋고 나쁨을 집착하지 말라. 나쁜 것을 집착하면 영원히 머물게 되어 진보할 수 없다. 예를 들면 자기가 잘못을 하여 마음이 괴로우면, 마음이 열릴 수 없어 줄곧 이 일을 집착하여 편안하게 도를 닦을 수 없다. 모든 것은 환화(幻化)로서 진실하지 않으며, 지나가면 그만이다. 만약 집착하면 곧 번뇌를 내게 된다.

15. 번뇌와 화가 날 때 번뇌가 어디로부터 오는지를 추구하거나 집착하지 말 것이다. 집착하면 마음이 열리지 않아 편안하게 도를 닦을 수 없다. 앞으로 향하여 나아가며, 무슨 일이든지 간파하고 놓아버려야 한다. 그래도 아미타불을 입에 걸어두는 것이(즉 염불하는 것이) 가장 중요한 일이다.

16. 모모 스님이 노스님에게 말하였다. "출가한 이후로 저는 줄곧 사람과 일을 하는 과정에서 깊이 충격과 자극을 받았으며, 아울러 정신상으로 갖가지 좌절과 고통을 받았습니다. 제가 수행이 부족한 것인지, 아니면 업장이 특별히 중한 것인지 모르겠습니다."

노스님이 말씀하였다. "수행을 하는 사람일수록 무시 이래의 죄업이 모습을 드러내며, 환화로 이루어진 갖가지의 경계가 그대를 괴롭히고 고통을 받게 할 것이다. 마치 신체의 질병이나 정신상의 충격과 같이 이러한 시련과 고난이 그대를 자극하여 사바세계에서의 인생의 고통을 체험하게 하며, 그리고 생사를 벗어날 마음을 내게 할 것이다. 그대는 반드시 이러한 장애를 뛰어넘고, 사람 몸의 각종 재난을 뛰어넘어야, 비로소 청정하고 안락함을 얻고, 정토의 업을 성취할 것이다."

17. 사바세계는 우리가 손님으로 거주하는 곳이며, 모든 것이 마치 연극과 꿈처럼 환화이고 실재하는 것이 아니라서 마침내는 공하게 된다. 따라서 사바세계의 모든 것을 탐하거나 연연하지 말고, 만 가지 인연을 놓아버리고, 염불하여 서방극락을 구해야 할 것이다. 아미타불이 계신 극

락세계가 비로소 우리의 궁극의 귀의처이며, 우
리의 고향이다.

18. 단지 (극락세계에) 연꽃이 피지 않고, 이치
를 깨닫지 못한 사람들이 실재하지 않고 없는
일을 가지고 망상번뇌를 일으킨다. 이것도 일종
의 망념이고 어리석음이다.

19. 모모 스님의 출가는 지금까지 줄곧 가족의
허락과 이해를 받지 못하였기 때문에 시종 마음
이 울적하여 노스님께 어떻게 해야 화해할 수
있는지 가르침을 청하였다.
　노스님이 말씀하였다. "기왕 이미 세속을 떠나
출가하였으나, 만약 부모와 권속이 우리에게 더
욱 관심을 가질수록 애별리고(愛別離苦: 사랑하
는 가족과 헤어지는 고통)의 괴로움은 더욱 깊이
얽히게 되고, 마침내 슬퍼하고 원망하면서 영원
히 해탈할 수 없으며, 심지어 그에 따라 생사에
윤회하게 될 것이다. 출가를 했으면 서로 사랑하
고 미워하는 마음을 가져서는 안 되며, 이것은
윤회의 원인이니, 우리는 마땅히 발원해야 할 것
이다. 원한을 가진 채주(債主)에 대하여 자애의
마음을 발하며, 능력이 있으면 그들을 제도해야
할 것이니, 하물며 우리에게 은혜가 있는 부모님

들이야 오죽하겠는가!

비록 세속의 관념에 따라 우리가 출가하는 것을 부모님은 이해하지 못하여 원망이 생기게 되는데, 우리는 더욱 수행인의 뜻과 기개(氣槪)를 일으켜서 반드시 도를 이루어 생사를 마치기를 발원해야 하며, 그런 연후에 그들을 제도해야 할 것이다. 이와 같아야 비로소 큰 효도이며, 출가의 뜻을 어기지 않을 것이다."

20. 부모님은 단지 우리에게 그들의 신체를 빌려 태어나게 하셨으며, 그것이 은혜이든 원한이든 막론하고 모두 업연(業緣)이다. 오직 도를 이루어 부모의 은혜에 보답하려는 서원을 세워야, 비로소 수행의 바른 원인이 된다.

21. 부모님이 우리에게 더욱 잘해 줄수록 더욱 은혜와 원한이 생긴다. 출가와 사회는 상반된 것으로서 우리를 더욱 아낄수록 임종 시에 더욱 놓지 못한다. 줄곧 부모님이 어떠하다고 생각하지 않아야 하며, 마땅히 도(道)에 마음을 집중해야 한다. 그렇지 않으면 다시 사랑하는 사람과 헤어지는 고통을 겪게 되니, 생사윤회의 길은 정말로 위험하다.

22. 세간의 부모와 자녀는 곧 서로 빚을 갚거나 빚을 받는[債主] 관계이다. 금생에는 그대의 부모가 되어 부양하면서 빚을 갚는다. 다른 생에는 그대의 자녀가 되어 그대의 양육을 받는다. 이와 같이 한 생 한 생 원한과 친함이 서로 이어져 피차 서로 양육하기를 그치지 않는다. 그러나 출가는 곧 이러한 생사의 빚은 맺어진 인연을 끊어 세속의 애별리고(愛別離苦)하는 가족의 정을 돌려, 이들 가족을 제도하여 삼보에 귀의하게 하며, 함께 염불하고 부처님께 절하여 사바세계를 벗어나 생사윤회의 고통을 면하게 하려고 한다. 이렇게 해야 비로소 큰 효로써 보은하는 것이라고 할 수 있을 것이다. 그렇지 않고 부모를 제도하지 못하면 이러한 은혜의 정으로 말미암아 우리는 다시 사바세계로 와서 그들을 제도해야 할 것이다. 사실 무시이래로 세세생생 육도 가운데서 만나는 것은 모두 과거 우리의 원친(怨親) 권속이며, 세상이 달라 서로 멀어지고 잊어버린 것이다. 금생에 부모와 형제가 되었지만, 내생에는 원수나 빚 받는 사람이 될 수 있으며, 심지어 어떤 사람은 지옥, 아귀, 축생 등 삼악도에 떨어질 가능성도 있다. 그러므로 우리가 중생을 제도하는 데는 반드시 원수와 친한 이를 평등하게 대하고 자비로 제도해야 할 것이며, 현생의 부모와

형제는 이미 친족이고, 일체 중생도 과거생의 친족이었다. 따라서 대비심을 발하여 일체중생을 제도할 것을 발원해야 한다. 마치 지옥이 비지 않으면 성불하지 않겠다는 대원(大願) 지장보살과 같이 원수와 친한 이를 평등하게 제도할 것이며, 금생의 부모와 형제 권속도 일반 중생과 같이 보고 평등하게 제도해야 한다. 이러한 기본적인 태도 위에서 가족을 제도하기 위하여 속가의 가족과 왕래하는 것은 또한 반연(攀緣)에 속하지 않는다.

23. 전(傳)모 스님은 여자 스님들의 세속에 대한 습기가 너무 깊다고 느끼고, 또 남자 스님은 과단성 있고 두려워하지 않는 기백이 부족하다고 생각되어 노스님에게 법문을 청하였다. "이와 같은 여자 스님들은 출가하여 도업을 이루려고 하는데, 희망이 아득한 것 아닙니까?"

노스님이 말씀하였다. "그렇지 않네. 우리가 출가한 것은 마음을 닦아 순일하게 하고, 산란스럽지 않게 하기 위하여 가족, 친구들과 과분하게 반연을 맺지 않는 것이다. 우리가 출가한 것은 집과의 교류를 끊은 것이다. 만약 부모나 가족이 우리를 만나러 오면, 우리는 일반 신도를 대하듯이 평등한 태도로 자상하게 상대방을 맞이하면 될 것이다. 만약 과도하게 반연을 맺으면, 가족 간의 이별의 고통을 끊지 못할 뿐 아니라, 마음도 산란해질 것이다. 반연을 맺은 후에는 출가는 출가같지 않고, 환속을 해도 환속한 것 같지 않다. 대만의 출가스님들은 바로 이곳에서 실패한 것이다. 이 세간은 마치 한바탕의 미혹한 꿈과 같으니, 무엇이든 간파해야 한다. 재물을 탐하지 않아야 하며, 재물을 탐하면 고통은 그것을 따라온다. 명예도 탐할 수 없으며 명예를 탐해도 또한 고통이다. 사바세계는 우리가 미련을 가지거나 연연해할 것이 아무 것도 없다. 우리 출가인은 세속의 모든 것을 버리고 거친 옷과 담백한 식사로써 고행을 닦으며, 절의 일을 하면서 대중을 이롭게 한다. 마음에 의탁함이 있으면 망념이 일어나지 않고, 업장은 저절로 소멸하며 마음에 걸림이 없게 되니, 하루하루 지내는 것이 바로 수행이다."

24. 임종 시에 걸리는 바가 없어야 비로소 극락세계에 갈 수 있다. (법도 오히려 버려야 하거늘, 하물며 법이 아닌 것이랴!) 중생을 제도하려는 것도 하나의 집착이고, 하나의 걸림이다.

25. 노스님은 왕생하시기 6일 전, 갑자기 여운

을 깊이 남긴 한 막의 연극을 연출하였다. 이날
노스님은 평소 사람들에게 아미타불을 염하게
하는 가풍과는 상반되게 갑자기 매우 긴급하게
대중들에게 자기를 위하여 〈대장경〉을 독송하게
하였다. 대장경은 바다와 같이 광대하여 정말로
어디부터 독송해야 할지 몰랐다. 그래서 대중들
은 노스님에게 어느 경을 독송할지를 물었다.

노스님이 대답하시기를, "전부 다 독송해라!"
대중들은 재빨리 한 부, 한 부의 경을 꺼내서 서
로 연속하여 독송하였다. 보아하니 노스님이 반
드시 왕생하실 모양이라 생각되어 마음속으로는
또한 견디기 힘들었으며, 더욱 어떤 경을 독송해
야 할지 몰랐다. 노스님이 말씀하였다. "그대가
독송할 줄 아는 경은 무슨 경이고 모두 나에게
독송하여라!"

그래서 대중들은 곧 한 부, 한 부씩 독송하기
시작하였다. 〈반야심경〉, 〈금강경〉, 〈약사경(藥師
經)〉, 〈지장경〉, …… 이러한 긴요한 시점에서
비로소 단지 이백여 자의 〈반야심경〉조차도 거
의 독송이 입에 잘 되지 않음을 발견하였으며,
입으로 독송하지만 마음은 초조하였다고 말할
수 있다. 대중들이 대장경을 한 부, 한 부 옮겨
와서 독송할 때 노스님은 단지 입에 미소를 지
으시며 스스로 "나무아미타불, 나무아미타불, 나

무아미타불"하며 염하였다. 조금도 주위의 경전 독송하는 소리에 영향을 받지 않았으니, 노스님 의 이 미소는 정말로 당면하여 내리시는 몽둥이 와 할이었다.

묻겠습니다, 갑자기 내리신 이번의 가르침에서 그대는 무엇을 깨달았는가?

26. 적게 먹고, 적게 잠자면서 정신을 수행에 쏟아야 한다.

27. 이날이 지나가면 우리의 수명도 그에 따라 줄어든다. 마치 적은 물속의 물고기와 같아서 무 슨 즐거움이 있겠는가? 우리는 곧 장차 고갈되 고 있는 저수지의 물고기와 같아서 생명은 이미 위험에 처하였는데, 하루하루 지내면서 죽은 후 어디로 갈지를 모른다. 항상 자기를 경책하여 방 일하는 마음이 생기지 않게 하고, 용맹정진해야 비로소 서방극락에 왕생할 수 있다.

28. 출가인은 죽음을 두려워해서 안 되며, 죽으 면 서방극락으로 가니 더욱 좋다. 출가인은 무슨 일이든지 아무 것도 없게 하는 힘을 가져야 할 것이다.

29. 극락에 왕생하는 다른 하나의 조건은 반드시 업진(業塵: 업의 먼지)을 그치고 다하게 하여 모든 세속의 얽매임을 없애야, 극락왕생의 희망이 있다.

30. 출가인은 늙을수록 더욱 걸림이 없으며, 왕생하려면 마치 잠을 자는 것처럼 눈을 한번 감으면 된다. 우리는 저녁에 잠을 자는 것은 마치 죽는 것과 같아서 아무 것도 모른다. 결과적으로 다음 날 다시 일어나면 곧 다시 집착하기 시작하면서 이것은 나의 것, …… 이라고 보니, 다시 시작하는 것이다.

제30장 몸뚱아리

1. 불교를 배우는 사람은 우선 망아(忘我: 자기를 잊음)와 희사(喜捨: 자비희사 사무량심)의 정신을 배워야 하며, 이른바 생사를 벗어난다는 것은 바로 이런 의의(意義)다. 중생은 무시 이래로 육도의 생사 가운데서 돌고 도는데, 만약 몸의 나를 집착하면, 결국 생사를 마치는 도를 이루기 어렵다.

2. 석가모니부처님은 과거생에서 줄곧 "몸을 버리는" 수행 방법으로 불도를 성취하고 중생을 제도하셨다. 그러나 몸을 버리는 것은 자연스럽게 해야 하며, 억지로 하는 것이 아니다. 수행하여 선정력이 있어서 아상(我相), 인상(人相), 중생상(衆生相), 수자상(壽者相)이 없게 될 때 저절로 (몸을 버리는 고통의) 감각이 없을 것이다. 우리의 공부와 같이 아직 그런 정도에 이르지 못하면, 여전히 아상이 있는 것이다. 하나의 침으로 우리를 찌르거나, 한 마리의 모기가 우리를 물면, 모두 아픈 감각이 있을 것이다. 이것이 바로

선정력이 부족한 것이며, 여전히 경계에 따라 마음이 생하고, 경계를 접촉하면 감각이 생긴다. 그러므로 몸을 버리는 수행은 억지로 하면 안 될 것이며, 그렇지 않으면 곧 집착으로 변할 것이다.

3. 이 신체는 본래 오래도록 의탁할 수 없으며, 너무 그것을 의지할 수 없다. 그것에 대하여 집착이 너무 깊어 사대(四大)와 오온(五蘊)을 간파해야 한다.

제자가 물었다. "스승님, 사대를 아직 간파하지 못했을 때 우리는 비록 신체가 우리의 것이 아니라는 것을 알지라도, 그러나 아픈 것은 여전히 아픈데, 어떻게 해야 합니까?"

노스님이 이르시기를, "만약 간파하지 못하면, 생각할수록 더욱 고통스러울 것이다. 만약 간파하면 아픈 것은 그것이 아프도록 내버려두면 비교적 잘 해결될 것이다. 더욱 아플 때 더욱 자기에게 말한다. '이 신체가 아픈데 이 괴로움은 나가 아니다.' 이렇게 말하면 비로소 간파될 것이다. 예를 들면, 그대가 지금 이곳이 욱신거리거나, 감기가 들어 콧물이 나면, 또한 즐겁지도 않고 앉을 수도 없어 더욱 괴로울 것이다. 그대가 만약 자기의 신체에 대하여 말하기를 '콧물은 마

음대로 흘리게 두고, 욱신거리는 이곳도 욱신거
리게 두어라.' 그대가 이러한 방법으로 관상하
면, 또 무엇을 상해할 수 있겠는가? 아무 것도
없을 것이다. 말하는 것은 아직 마음대로 말하면
안 될 것이다."

4. 사바세계의 중생은 "구하는 마음"이 있으며,
구하는 마음으로부터 무량무변한 번뇌가 만들어
진다. 우리의 구하는 마음은 모두 이 몸으로부터
오는 것이며, 이 신체를 위하여 갖가지의 생각을
낸다. 그러나 오직 "만족할 줄 아는 마음[知足]"
이 있어야 비로소 탐하는 마음을 그칠 수 있다.
지족(知足), 이 두 글자는 그렇게 간단한 것이
아니며, "지족하면 항상 즐겁다[知足常樂]"는 것
은 말하기는 쉬워도, 행하기는 도리어 쉽지 않
다. 어떤 사람이 만약 언제나 지족할 수 있으면,
언제나 번뇌가 없을 것이며, 집착하지 않을 것이
다. 그래서 언제나 이 마음은 청정하고 자재할
것이다.

5. 출가하여 수행함에는 원력을 가져야 한다. 뜻
대로 되지 않는 작은 일이거나, 신체가 약간 불
편하여 마음에 번뇌를 내서는 안 될 것이며, 마
땅히 이번 생에 출가수행하는 것을 큰 다행으로

여겨야 할 것이다. 이것은 바로 과거생에 우리가 수행의 원인을 심었기 때문이다. 만약 신체가 좋지 않은 까닭으로 우리 수행의 마음에 영향을 준다면, 그것은 지혜가 없는 것이며, 이 신체에게 제도된 것이다.

도를 닦는 마음(道心)을 가져와야 한다. 보리심을 발하면 수행하는데 모든 경계와 번뇌를 극복할 수 있을 것이다. 원인이 있으면 곧 결과가 있으니, 다시는 세간의 원인을 심지 말고, 생사를 벗어나는 원인을 심어야 한다.

만약 항상 "아미타불"을 염할 수 있어 마음이 청정하고 번뇌가 없으면, 이것은 바로 시시각각 모두 좋은 원인, 성불의 원인, 서방극락세계에 왕생하는 원인을 심는 것이다. 기왕 우리는 염불의 원인을 가지고 있으니, 반드시 성불의 결과를 얻게 될 것이다.

6. 이 몸을 너무 아끼지 말아야 하며, 병이 날 때 그것을 의식하지 않아야 한다. 이 병은 일종의 시험이며, 그것에 신경을 쓰면 곧 시험에 지는 것이다. 병의 고통을 만날 때 더욱 마땅히 인생의 무상과 생로병사의 고통을 피하기 어려움을 체험하여 깨달아서 더욱 수행에 힘써 노력해야 한다.

7. 허운(虛雲) 노스님은 한 벌의 옷을 꿰매고 꿰매서 입었으며, 수염도 그렇게 길게 자라게 내버려두고, 한끼의 식사도 충분하지 못하였지만, 오직 생사를 벗어나기 위하여 용맹정진하였으며, 신체를 내려놓았다.

8. 출가하여 수행하는 것은 간단하지 않다. 출가하면 일이 비교적 많은데, 원친채주가 빚을 받으러 오기 때문에 병의 고통과 갖가지 뜻대로 되지 않는 일들이 일제히 나타난다. 만약 그런 것을 벗어날 수 있으면 잘 수행하는 것이고, 벗어나지 못하면 편안하게 도를 닦을 수가 없다. 따라서 병의 고통이 있을 때 또한 마땅히 억지로라도 자기를 격려하여 많이 예불하면, 업장이 비로소 소멸될 것이다.

9. 수행인이 염불하면 본래 갖가지 병과 액난을 받음으로써 숙세의 업보를 소멸하게 된다. 따라서 수행인은 괴롭게 갖가지의 재난을 받아야 비로소 불도를 성취할 수 있다. 석가모니부처님은 한 생에 곧 수행을 이룬 것이 아니며, 얼마나 많은 아승기 겁을 지나면서 온갖 고액을 받고 비로소 도를 이룬 것이다.
  어떤 사람은 수행하는 이유를 잘 이해하지 못

하고 있으며, 출가인이 수행해도 또한 병의 고통도 있고, 재난과 액운이 생긴다. 예상치도 않게 이 색신(色身)의 병과 바깥 경계의 재액(災厄)이 비록 세속인과 별 차이가 없이 받지만, 그러나 이 신령스런 성품의 어둡고 밝음은 크게 다르다. 세속인은 병과 재난과 액운을 만난 후 수명이 다할 때 신령스런 광명이 어두워져서 업장에 이끌려 여전히 생사의 윤회에 떨어짐을 면하지 못한다.

그러나 수행인은 도리어 이 몸의 업진(業塵)을 버릴 수 있어 한 점의 맑고 투철한 영명한 마음의 광명[心光]은 육도의 세계를 초월하여 곧바로 서방극락으로 간다. 이것이 (세속인과) 크게 다르고 특별히 다른 점이다.

10. 이 냄새나는 가죽주머니를 내려놓아야 한다. 이 마음은 이 신체가 어떻게 변하든지 그것을 염려하지 말아야 할 것이다.

11. 이 색신이 "나"라고 말하지 말라. 이 색신은 이 사바세계의 겁(劫)을 받기 위하여 온 것이다. 그러나 이 마음은 도리어 불심(佛心)을 가지고 모든 것을 대응해야 한다.

12. 이 냄새나는 가죽주머니는 우리가 머물도록 빌려준 것이다. 하지만 우리는 도리어 왕왕 그것을 위하여 무량하고 무변한 업을 짓는다.

13. 신체를 너무 생각해주지 말아야 한다. 먹는 것은 배가 부르면 좋고, 옷도 입어 따뜻하면 되고, 잠을 자고 싶지 않으면 억지로 잠을 잘 필요는 없다. 그렇지 않고 반대로 하면, 탐하는 생각이 오며, 미혹하고 산란하여 도를 닦을 마음이 없어지게 된다.

14. 신체는 마치 집과 같아서 무너지며, 설령 다시 아무리 보수해도 여전히 파손됨이 있을 것이다. 우리는 이 임시의 신체를 내려놓아야 하며, 그것을 너무 아끼지 않아야 하는데, 필경 그것은 환화(幻化)로 생긴 것이다. 하지만 우리는 그것을 잘 이용하여 수행해야 한다.

15. 우리는 몸을 버려서, 절을 위해서 무슨 일이든지 해야 한다. 만약 신체를 너무 아끼면 복을 닦을 수 없으며, 도리어 냄새나는 가죽주머니에게 속을 것이다.

16. 신체가 좋지 않으면 너무 신경쓰지 말아야

한다. 병이 있으면 병이 있는 것이고, 병이 없으면 아무 일도 없으니, 병고 때문에 번뇌를 내지 않아야 한다. 육체는 신경쓰지 않는 것이 옳으며, 탐진치가 비로소 큰 병에 속하고, 육체의 병은 곧 작은 병이다.

17. 사람은 재난과 병고에서 그렇게 벗어나기 어려운가? 예를 들면 심장병을 앓고 있는데 만약 전심으로 염불하면, 심장병이 좋아질 것이다. 그러나 만약 염불하면서 여전히 병원에 가서 심장병을 검사하려고 생각하면, 염불은 염불이고, 병은 여전히 좋아지지 않을 것이다. 만약 전심으로 부처님 명호를 지송하면, 병이 좋아져도 자기는 아직 모를 것이다.

제31장 신(信) 원(願) 행(行)

1. 염불하는 데는 믿음[信], 발원[願], 수행[行]의 세 가지 힘을 갖춰야 한다. 대지는 한 음(音)으로서 각종의 음성이 귀로 들어가면 염불의 음성으로 바뀌며, 분별함이 없으면 마음이 움직이지 않으니, 바야흐로 일심불란(一心不亂)이라고 이름한다. 우리는 망념의 종자가 깊고 무거워 염불할 때 혼침하지 않으면, 망념의 종자에 끌려간다. 따라서 염불할 때는 반드시 조심해야 한다.

2. 묻기를 "〈아미타경〉에 "적은 선근과 복덕, 인연으로는 극락국토에 왕생할 수 없다."는 구절이 있는데, 어째서 당신은 단지 전심으로 부처님의 명호만 지송하면 된다고 말씀하십니까?"

답하시기를 "단지 신심만 구족하면 복덕과 인연은 모두 구족된다. 지금의 문제는 그대의 신심이며, 도대체 어떠한 신심인가? 매일 3, 5만 성(聲)의 불호(佛號)를 염하는 신심인가? 생명의 전부를 던져넣는 신심인가? 일심불란, 일념도 일어나지 않는 신심인가? …… 그대 자신은 어떤 종

류의 신심을 갖추고 있는가? 그대 자신은 복덕
과 인연을 구족하였는지를 마땅히 알아야 한다."

3. 염불하는 데는 원력을 가져야 한다. 서방극락
에는 어떻게 가는가? 서방극락은 우리의 왕생하
려는 이 원력에 의지하여 가는 것이다. 이러한
원력이 없으면 도달할 수 있는 것이 아니다. 그
러나 그대는 서방극락이 매우 먼 곳에 있다고
생각하지 않아야 하며, 사실 서방극락은 매우 가
까우며 바로 우리의 마음에 있다. 그렇지 않고
서방극락이 그렇게 멀면, 어떻게 갈 것인가? 임
종시 염불하는 그 불호(아미타불)는 바로 우리의
마음에 있다.

4. 우리는 비록 발원하지만, 발원하는 마음이 견
고하지 못하다. 만약 경계가 올 때 곧 경계에 움
직인다면, 이것은 참된 발원이 아니다. 발원에는
크고 작음이 있는데, 우리는 큰 원[大願]을 발해
야 한다. 대원은 바로 '색상이 없는' 원이다. 원
은 입으로 말하는 것이 아니고, 원은 마음으로
행하는 것이다. 무슨 경계가 오든지, 어떤 일을
만나든지, 마음이 움직이지 않으면, 좋고 나쁨도
없으며, 이렇게 천천히 수지(修持)해 가면, 곧 번
뇌를 조복하여 몸과 마음이 자재(自在)할 수 있

을 것이다.

그대의 원(願)에 따라 행하라! 모든 불보살이 불도를 성취하신 것도 모두 원력에 따라 행한 것이다. 따라서 이 원(願)은 우리가 수행하는 원인이며, 원인이 있으면 결과가 있게 된다. 만약 원력이 견고하지 못하면, 무슨 일을 하든지 모두 방법이 없다.

5. 불법을 배우는 데는 믿음, 발원, 수행을 갖춰야 한다. 단지 믿음만 있으면 부족하며, 다시 성불하여 중생을 제도하려는 원력을 가져야 한다. 그러면 업장과 역경을 만났을 때 비로소 방법이 있게 되며, 이 원력으로써 자기의 마음을 견고하게 해야 물러나지 않게 된다. 단지 믿는 마음만 있고 원력이 없는 사람은 역경을 만났을 때, 도 닦는 마음을 물러나거나 잃기 쉽다. 역경을 만났을 때는 염불로써 그것을 극복해야 한다.

6. 염불하는데 만약 정념(正念)이 없으면, 이런 생각 저런 생각하면서 입으로는 염불하지만, 마음으로는 염불하지 않는다. 원(願)이 있으면 전일한 마음을 가질 수 있으며, 마음이 전일하지 못하면 어떻게 염불하겠는가?

7. 수행하는 데는 마음을 바꾸어야 한다. 모든 불보살은 원력이 있으며, 그것에 의지하여 수행하시며, 행주좌와 가운데 언제나 부처님을 떠나지 않으며, 절하고 염불함이 모두 부처님과 상응한다. "아미타불이 왜 아직 저를 접인하시지 않는가"라고 말하지 않아야 할 것이다.

8. 수행은 자기를 의지하여 수행해야 한다. 마치 한 잔의 물과 같이 그대가 마시기 전에는 그 맛을 모르며, 마신 후에야 그 맛을 안다. 따라서 가서 수행해야 비로소 진실을 보증할 수 있다.

제32장 지명염불(持名念佛)

1. 인연을 따라 돈다. 염불하면 부처님을 따라 돌고, 업을 지으면 업을 따라 돈다.

2. "염불하여 먼지같은 번뇌를 쓸어버리면, 연꽃이 송이송이 핀다." 이 말은 바로 수행인은 정념(正念)을 가져야 함을 말하는 것이며, 언제나 염불로써 우리의 마음을 돌려서 나쁜 생각을 모두 정념으로 바꿔야 한다.

3. 염불하는 데는 정념이 첫 번째이다. "나무아미타불"의 여섯 자 홍명(洪名)을 단지 줄곧 염하면, 자연히 정념을 가질 수 있다. 염불하여 줄곧 마음이 부처님을 떠나지 않고, 부처도 마음을 떠나지 않아야 하며, 염하여 일심불란에 이르면 뜻이 전도되지 않는다.

4. 불교를 배우는 사람은 염불하여 곧 날뛰고 어지러운 육근의 먼지(번뇌) 가운데서 생사윤회를 초월하는 길을 찾아야 한다. 염불을 많이 할

수록 선근은 증가하고 정념은 증장하는데, 그래
야 비로소 망념과 업장을 따라 (마음이) 흐르지
않으며, 비로소 생사를 마칠 방법이 있게 된다.

5. 어떠한 경계를 만나든지 간에 지금 당장 첫
번째의 생각이 바로 염불하면서 다른 생각이 일
어나지 않아야 한다. 그러면 우리의 팔식(八識)의
밭 가운데 비로소 모두 염불의 종자가 된다. 따
라서 평상시에 염불공부를 수지하는 것은 바로
일체의 음성을 듣고 모두 염불의 음성으로 돌려
야 한다. 새소리 · 차소리 · 사람소리 등이 모두
부처를 염하고, 법을 염하고, 승가를 염하는 것
이며, 또한 일체의 음성과 일체의 현상을 거두어
들여 염불하는 소리 가운데로 들어가야 하며, 경
계에 움직이지 않아야 한다.

6. 여러분 보세요, 명령(螟蛉: 나방의 애벌레)은
자식이 없는데, 그 나방은 매번 작은 벌레를 선
택하여 주워서 흙속에 넣어놓고 매일 작은 벌레
에게 "윙윙"하면서 소리를 낸다. 그대들은 그 나
방이 무엇을 말하는지 아는가? 그 나방은 작은
애벌레에게 말하기를 "너는 나를 닮아라, 너는
나를 닮아라!"라고 소리를 지른다. 이렇게 다른
애벌레를 가져다가 자기의 자식으로 변화시켜

명령이 되게 한다.

우리의 염불수행도 이런 명령나방을 배워야 한다. 한마음 한뜻으로 염불하면 범부를 초월하여 성인(聖人)의 세계로 들어가는 것이다. 매일 육근과 육진의 침습을 막고 끊어 하루하루 염불하는데, 염하는 것은 "나는 부처님을 닮아야 한다, 나는 부처님을 닮아야 한다!" 이후 공부가 성숙되면 미래에 반드시 부처를 이룰 것이다.

7. 염불하면 마음은 비로소 기댈 데가 있게 되며, 비로소 다른 일에 집착하지 않을 것이다.

8. 경을 독송하고, 경을 보고, 염불하며, 말하는 것은 하루 가운데 반드시 거쳐야 하는 과정이며, 말은 적게 말하고, 경을 독송하고 보는 시간은 염불하는 시간을 초과하지 않아야 하며, 언제나 염불을 위주로 해야 할 것이다.

9. 수행은 원융해야 한다. 지금은 말법시대로서 중생의 업이 무거워서 대다수는 계를 의지하여 행할 수 없다. 가장 좋은 것은 염불하여 왕생을 구하는 것이며, 그러면 모든 것이 비로소 여법할 수 있을 것이다.

10. 일체의 법문 가운데서 전일하게 염불하는 것이 효과와 위력이 가장 크다.

11. 경을 볼 필요가 없으며, 많이 보면 갈피를 잡지 못하게 된다. 무릇 무슨 일을 만나면 모두 한 구의 아미타불을 염한다. 기쁘든지 괴롭든지 시비(是非)를 멀리 떠나야 하며, 한 구의 아미타불로 마음을 안정시켜 염불하고, 염불하다가 잠이 와도 좋다. 한 생각(한 생각이 일어나지 않음)으로 삼계를 벗어날 수 있으며, 또한 한 생각(염해도 염함이 없는)으로 서방극락에 도달한다.

  수행은 눈으로는 못 본 것같이 하고, 귀로는 듣지 않은 것처럼 하여 착실하게 염불해야 할 것이다. 지금 그대들은 모두 눈을 크게 뜨고 자세히 보려고 하는데, 수행은 남들을 더욱 알지 못할수록 더욱 잘 닦는 것이다.

12. 행주좌와에 마땅히 염불을 떠나지 않아야 한다. 마치 인광(印光)대사, 홍일(弘一)대사처럼 그렇게 수행이 있는 사람도 여전히 염불하였는데, 하물며 우리같은 범부들이야? 당연히 염불을 첫 번째의 중요한 일로 보아야 한다.

  우리는 세속에서 이미 학교에 다닌 적이 있으며, 다시 불학원에 가서 경을 배우고, 더욱 애정을 증가시켜 애별리고(愛別離苦: 사랑하는 사람과 이별하는 고통)의 생각을 더하려고 한다. 세속인은 괴로움을 즐거움으로 여기고, 늙으면 죽음을 두려워하며 자손을 (마음에서) 놓지 못한다.

그러나 우리 출가인은 비록 힘든 수행을 하며 한편으로 일을 하면서 한편으로 염불을 한다. 염불하는 시간이 오래되면 천당, 지옥, 육도윤회를 벗어날 수 있음을 깨닫게 된다. 다행스럽게도 자기가 출가하여 많이 염불하면 지혜도 열리고, 깨닫는 바가 있게 되며, 늙어도 죽음을 두려워하지 않으며, 게다가 서방극락세계에 갈 수 있을 것이다.

13. 출가를 했으니 염불을 많이 해야 한다. 반드시 좌선을 해야 하는 것이 아니며, (좌선은) 공부가 경지에 이르지 못하면 마(魔)가 붙기 쉽다.

14. 염불할 때 망상이 많으면 대치하는 방법은 바로 "그것을 관여하지 않는" 것이다. 우리는 다만 우리가 하는 염불만 신경쓰면 된다. 만약 망상을 제거하려는 생각을 가지면, 도리어 하나의 번뇌를 증가시키는 것이다. 염불을 많이 하면 망

념은 자연히 감소할 것이다. 다른 방면에서 말하
자면, 세간에 대한 욕망이 감소하면 일심(一心)이
되기 쉽다.

15. 망상을 짓거나 번뇌가 일어날 때 재빨리 정
지시키고 계속 염불해야 한다. 만약 망상이 계속
일어나면, 곧 그것을 관여하지 말고 여전히 염불
해야 비로소 도심(道心)에서 물러나거나 잃지 않
을 것이다.

16. 불칠(佛七: 7일간의 염불법회)을 하는 것은
중생을 제도하여 극락세계에 왕생하기 위함이다.
사바세계의 경계는 생(生)이 있고 멸(滅)이 있지
만, 서방극락의 경계는 불생불멸(不生不滅)이다.
우리는 지금 다른 나라에 가려면 비행기표를 사
야하지만, 만약 염불하여 일심에 이르면 시방의
불국토에 갈 수 있다.

   염불은 마음으로 부처님을 떠나지 않고 명료
하게 염하고, 자구를 분명하게 들어야 한다. 마
음으로 생각하고, 귀로 들으며, 입으로 칭념하면
서 마음을 거두어들여 부처님 명호에 집중하고,
모든 인연을 놓아야 한다.

   이 염불하는 음성에 의지해야 비로소 일심이
될 수 있으며, 능념(能念: 주관)과 소념(所念: 염

하는 대상)이 없게 된다. 그대가 염하거나 내가 염하거나 모두는 이 불호(佛號)에 의지해야 비로소 일심이 될 수 있으며, 서방극락세계도 이 염불하는 소리에 의지하여 갈 수 있다. 만약 마음이 전일하지 못하면, 아쉽게도 다시 한번 더 와야 한다. 따라서 일심으로 염불해야 하며, 일심으로 염불하는 음성에 집중해야 한다.

17. 염불에서 가장 중요한 것은 명료하게 듣는 것이다. 염불은 자기와 잘 조화하여야 하며, 염하여 고요해질 수 있어야 자성(自性)이 염하는 것이 된다. 일을 하면서도 염하고, 다른 사람도 자기가 염불하고 있다는 것을 모르며, 전심으로 업무를 봐도 별다른 망상이 없으며, 이것도 일심이다. 이것은 불심(佛心)으로서 부처님과 감응도교(感應道交)하게 되며, 정념(正念)을 가지기 때문에 행하는 것과 표현하는 것이 바로 자비이며, 보는 것도 자연히 바른 지견(知見)이며, 이것도 불심이다.

18. 염불법문은 매우 많은데, 우리가 아직 수행이 어느 정도에 이르기 전에는 모두 이렇게 저렇게 변할 수 있다. 어떤 때는 이런 방법이 섭심되는 것 같기도 하다가, 갑자기 저런 방법이 괜

찮은 것 같다고 느끼는데, 이것은 마음에 아직 선정력이 없는 것이다. 그래서 '이것은 비교적 좋고, 저것은 비교적 좋지 않다'는 분별이 일어날 수 있다.

그러나 '좋고 나쁨'도 그대가 분별해서 나오는 것이다. 왜냐하면 수행이 아직 어느 정도에 도달하지 못했기 때문이다. 누구에게나 모두 이러한 과정이 있을 수 있으며, 그렇지 않으면 마음이 안정되지 않는다. 사실 각각의 방법은 모두 좋으며, 모두 우리의 자성(自性)이 작용하고 있다. 그대가 '놓아버릴려고 하는' 것도 자성이며, 그대가 이런 방법을 사용하려고 하는 것도 자성이다. 그러므로 수행하고 정진하는데 집착하지 않아야 한다.

"자성으로 염하여 자성으로 듣는다[自性念來自性聽]"는 것은 바로 "하나의 염두(念頭: 생각)"이며, 즉시 이 일념으로 염하여 고요하고 안정되고 움직이지 않을[不動] 수 있으면, 그것이 비로소 가장 중요하다.

19. 임종 시에 불보살의 색상을 보려는 마음을 가져서는 안 된다. 구하는 것은 반드시 정확한 것이 아닐 수 있으며, 그것은 의지할 수 없는 것이다. 구하는 바가 없이 청정한 마음으로 염불해

야 마음속에서 자연히 (불보살이) 출현하며, 그
것이 비로소 참된 것이다. 무엇을 얻었다고 말하
지 말아야 한다. 만약 얻은 바가 있으면, 그것은
아직 옳은 것이 아니다.

20. 염불하여 마음속에 단지 단순한 한 생각이
있고 다른 잡생각이 없으면, 곧 갈 시기를 미리
알 수 있다. 만약 아직 다른 생각이 있으면, 망
념이 가로막게 되어 비록 염불하여도 갈 시간을
미리 알 수 없다.

21. 염불도 간단한 것이 아니며, 반드시 전부를
놓아버려야 하고, 안팎의 각종 번거로움을 모두
버리고 일심의 청정한 마음으로 부처님의 명호
를 칭념해야, 비로소 (부처님과) 상응할 수 있다.
한 구의 여섯 자 홍명(洪名)을 분명하게 염하고,
명료하게 들을 수 있어야 하며, 조금도 의심하는
마음을 가져서는 안 된다. 그러면 다른 잡념이
저절로 소멸되고 반드시 일심불란에 이를 수 있
을 것이다.
  만약 그대들이 나의 말을 믿는다면, 착실하게
염불하여 행주좌와에 이것을 떠나지 않으며, 심
지어 꿈속에서도 명호를 집지하며 한 구의 불호
를 마음에 새기면, 육근(六根)과 육진(六塵) 대상

의 간섭을 받지 않을 것이다. 이러한 경지에 이르면 자연히 마음은 (세속의 사물을) 탐하거나 미련을 갖지 않을 것이며, 뜻이 전도되지 않는다. 이후 염불공부가 순수하게 익어지면 서방극락세계가 자연히 현전할 것이다. 절대로 가볍게 생각해서는 안 된다.

22. 마음이 만약 지성이면 염불할 때 기이한 향과 꽃이나 광명의 서상(瑞相)이 나타날 것이며, 설령 산속에 있어도 세 가닥의 풀이 향주(香柱)가 되어 향기를 뿜어낼 것이다. 불보살은 허공에 가득하며, 단지 절 안에만 있는 것이 아니다. 마음이 지성이면 곧 부처님과 상응하게 된다.

23. 일체 법문을 수행하는 데는 모두 이 마음을 중시하며, 우리의 수행도 이 마음으로 행하는 것이다. 이 마음에 만약 선정력이 있으면, 마치 청정한 물이 고요할 때와 같이 여여(如如)하여 움직이지 않고 사물의 그림자가 투영되어 나타나지 않음이 없을 것이다. 따라서 우리의 마음이 청정할 때 자연히 일체의 참된 모습을 명료하게 깨달을 수 있다.
　우리가 염불하는 것도 바로 이 마음으로 염불하여 마치 맑고 고요한 물과 같이 되도록 해야 한다. 만약 마음이 산란하고 청정하지 않으면, 마치 탁한 물과 같이 더러워 나쁜 생각이 많으며, 좋고 나쁨을 분별하게 된다. 어떤 것이 맛이 좋고 맛이 없거나, 냄새가 향기롭거나 고약함을 분별하면서 색상, 소리, 향기, 맛, 감촉, 법에 집착한다.

따라서 염불하면 이 마음이 맑고 밝게 되어 잡염(雜染)이 없을 때 자연히 오온(五蘊)에 집착하지 않게 될 것이다. 그러면 육근이 육진에 대한 작용을 일으키지 못하여 번뇌가 끊어지고 오온이 모두 공해져서 스스로 일체의 고액(苦厄)에서 벗어날 수 있으며, 자성의 광명과 지혜가 나타나고, 깊고 미묘한 법을 통달할 것이다.

24. 염불은 "마음으로 염하고[心念]" "전일하고 정밀함[專精]"을 중시하며, 또한 주야로 끊어짐이 없고 잡란하지 않음을 중시한다. 그러나 그대들이 입으로 염송하고, 귀로 들으며, 마음으로 생각하며 공부해 나가면, 천천히 저절로 주야를 분간하지 않고, 염불이 일심불란하게 될 것이다. 염불이 선정을 얻게 되고 지혜가 나오면, 반드시 성취할 것이다.

25. 어떤 스님이 스승이신 노스님에게 가르침을

청하여 물었다. "어떻게 마음으로 염불합니까?"

노스님이 말씀하였다. "현전하는 첫 번째의 한 생각이 염불이며, 전체를 아는 것은 불념(佛念: 부처님 생각)이다. 바로 일체의 음성은 염불하는 소리이며, 새소리·차소리·사람소리는 모두 부처를 염하고, 법을 염하고, 승가를 염하는 것이다. 일체의 소리, 일체의 현상계를 거두어들여 부처님의 음성[佛音]으로 들어가니, (그것에) 움직이지 말아야 할 것이다.

26. 우리가 수행하는 주요한 것은 전심으로 부처님 명호를 염하는 것이며, 마음마다 생각마다 부처님 명호를 떠나지 않으면, 사지의 신체로 일을 하는 모든 것을 기뻐하며 하게 된다. 청소를 하면서도 아미타불, 요리를 하면서도 아미타불 염불하며, 생각생각에 아미타불 염불하면서 일마다 기쁘고 걸림이 없으면, 마음은 점차 서방극락의 경계로 들어간다.

27. 무슨 일을 하든지 마음속으로 부처님 명호를 묵념(默念)하면, 염하는 생각이 있어도 마치 (염하는 생각이) 없는 것과 같으며, 언제나 이와 같으면 비로소 성취할 수 있을 것이다.

28. 염불하면서 여전히 (염하는) 감각이 있으며, 여전히 염하는 생각이 있거나 없음을 알면, 그것은 집착이다.

29. 오(悟)모 스님이 말하였다. "어제 산에 올라오면서 너무 바빠서 염불할 시간이 없었습니다."
노스님이 말씀하였다. "바쁜 것은 우리의 이 신체가 바쁜 것이고, 염불하는 것은 이 마음으로 염불하는 것이니, 서로 방해가 되지 않는다. 염불하는 사람과 염불하지 않는 사람이 이곳에 오면 나는 한 눈에 안다. 염불하는 사람의 행동거지와 말속에는 아미타불이 흘러나온다. 그대가 이곳에 왔을 때 마음속에 근본적으로 반구(半句)의 아미타불도 가지고 오지 않았음을 나는 알았다."

염불할 때 망상이 많으면
대치하는 방법은 바로
"그것을 관여하지 않는" 것이다.
우리는 다만 우리가 하는
염불만 신경쓰면 된다.
만약 망상을 제거하려는 생각을 가지면,
도리어 하나의 번뇌를 증가시키는 것이다.
염불을 많이 하면 망념은 자연히 감소할 것이다.
다른 방면에서 말하자면, 세간에 대한
욕망이 감소하면 일심一心이 되기 쉽다.
- 광흠 큰스님 법어

제33장 염불삼매

1. 염불이 중도(中道)에 들어가면, 좋은 것도 없고 나쁜 것도 없다. 염불도 환화(幻化)에 속하지만, 정념(正念)에 속한다. 따라서 우리는 환(염불)으로 환(망상)을 소멸해야 한다.

2. 염불의 힘은 매우 커서 우리에게 업장을 소멸하게 하고 지혜를 열게 한다. 하지만 형상에 집착하여 염불해서는 안 된다. 즉 사바세계의 "색, 성, 향, 미, 촉, 법" 등 갖가지 색상의 경계에 집착하면 안 될 것이다. 만약 집착하게 되면, 반드시 마음이 청정하지 못하고, 뇌가 신령스럽지 못하며, 여전히 "색, 수, 상, 행, 식"이라는 오온에서 구르면서 여전히 세간에서 백일몽을 꾸며 지내게 된다.

3. 염불은 "나는 무슨 경계를 보았다"는 것에 집착해서는 안 된다. 왜냐하면 염불은 "머무는 바[無所住]"가 없으며, "함이 있거나[有爲], 색상이 있는" 것이 아니기 때문이다. 만약 "무엇을 보았

다" 혹은 "나는 어떠하다"고 말한다면, 그것은 여전히 환화로서 매우 위험하다. 하나의 물건을 가지고 "나는 무엇을 보았다"라고 말하면 안 된다. 모든 형상은 환상이기 때문이다.

4. 염불은 경계를 떠나야 부처님과 상응하며, 비로소 이 마음과 부처님의 마음이 같음을 알게 된다.

5. 얼마나 많은 대중들과 함께 염불하든지 간에 자기에게 주인공이 있다. 염불하여 일심불란에 이르러 마음이 고요해질 때, 갑자기 (염불소리가) 그치게 되며, 대중들의 염불소리가 문득 땅 밑으로 들어가게 된다. 비록 우리가 땅 밑에서 염불하지는 않지만, 땅 밑에서 여전히 염불하는 소리가 들리게 된다. 염불하는데 소리가 모두 가지런히 모아질 때, 다시 갑자기 그치게 되면서 소리가 날아서 공중에서 나게 되는데, 마치 대중들 모두가 허공 중에서 염불하는 것과 비슷하다. 이른바 허공에 모두 염불소리가 편만(遍滿)하다. 이것이 바로 염불삼매의 정황이다.

언제나 이 염불소리를 보호하고 유지하고, 새소리, 차소리, 여러 잡음을 막론하고 모두 염불하는 소리다. 만약 그대가 여전히 새소리, 차소

리 등을 분별하게 되면, 이것은 (염불삼매)에서
뛰쳐나온 것이다. 지금 어떤 사람은 염불하면서
단지 입으로만 하고 마음은 도리어 바깥으로 날
아나는데, 이것은 바로 잡념의 염불이고, 산란한
염불이다.

6. 염불하여 일심불란에 이르러 삼매가 현전할
때 형상에 집착하지 않아야 한다. 선도 생각하지
말고 악도 생각하지 말며, 사랑하고 미워하며 취
하고 버리는 마음을 내지 않아야 하며, 성공과
실패, 이익을 생각하지 않아야 한다. 일체가 적
정(寂靜)으로 돌아가게 하면, 이러한 공적(空寂)
가운데서 자성(自性)의 광명이 나타날[顯現] 것이
다.

마음이 만약 지성이면
염불할 때 기이한 향과 꽃이나
광명의 서상(瑞相)이 나타날 것이며,
설령 산속에 있어도 세 가닥의 풀이
향주(香柱)가 되어 향기를 뿜어낼 것이다.
불보살은 허공에 가득하며,
단지 절 안에만 있는 것이 아니다.
마음이 지성이면 곧 부처님과 상응하게 된다.
- 광흠 큰스님 법어

제34장 서방극락의 경계

1. 저녁 무렵 대웅전 밖에서 모모 스님이 노스님께 〈대아미타경(大阿彌陀經: 무량수경을 지칭) 가운데의 갖가지 의문을 제기하였다.

　노스님께서 말씀하였다. "대아미타경 가운데서 말씀하시는 서방극락의 수승한 경계는 단지 부처님께서 이것으로써 중생을 유도하여 염불하게 하는 것이며, 염불하여 정신상에서 의탁함과 목표가 있게 하신 것이다.

　중요한 것은 일심으로 염불하여 세 가지 장애(三障)를 소멸하고, 마음에 망념이 없게 하여 자성의 서방에 도달하여 극락으로 돌아가게 하기 위함이다. 비록 극락세계도 또한 허망한 것이라고 말할지라도, 하지만 부처님께서는 궁극에 허망한 말씀을 안 하신다. 즉 임종 시에 단지 한 부처님을 염하면서 다른 생각이 없으면 마음이 일심에 도달하여 가르침과 같이 부처님 명호를 따라 극락에 왕생한다."

2. 부처님께서 설하신 정토의 세 경전은 서방극

락의 실제 경계를 보여주시며, 왕생의 첩경을 연설하신다. 하지만 또한 모든 근기를 두루 섭수하시고 중생을 교화하여 극락세계를 흠모하는 견고한 마음을 내게 하고, 일심으로 부처님의 명호를 지송하여 서방극락에 왕생하게 하며, 중생을 제도하는 방편법문이다.

3. 만약 사람이 일심으로 부처님의 명호를 계념(繫念: 즉 마음에 명호를 묶어 둔다는 뜻)하면, 염불은 망념과 더러운 먼지(즉 번뇌)를 소제할 수 있다. 일심으로 염해가면 업장이 소멸되는데 이르러 지혜의 눈이 열리고, 마음에 걸림이 없어지면, 자심은 서방극락의 경계와 비견된다. 이러한 때(垢: 티끌, 더러움)가 없는 마음의 경계로써 목숨을 마친 후 연꽃화생이 감응하여 불보살들과 한곳에 모인다. 경 가운데의 서방극락의 경계가 분명하게 눈앞에 나타나며, 조금의 거짓도 없으니, 부처님께서는 절대로 거짓말을 하지 않으신다.

하지만 만약 중생이 염불하면 서방극락에 갈 수 있다는 것을 믿지 않으면, 도리어 눈앞의 망념과 업의 느낌과 갖가지 현상에 편벽되게 집착하여 (그러한 것들이) 실제로 있다고 생각하게 된다. 이렇게 진실한 수행에 힘쓰지 않고 입으로 비록 서방극락에 가려 한다고 말할지라도, 또한 그것은 단지 망념에 불과할 뿐이다.

4. 염불은 생각생각이 무념(無念)인 가운데서 그 신식(神識), 혹은 아뢰야식은 갑자기 곧바로 허공으로 달려가 서방정토를 볼 수 있는데, 사실은 이 서방정토도 어찌 자성의 마음 가운데를 벗어난 것이겠는가? 고요함 가운데서 혹은 염불하고 있을 때 형상에 머물지 않고, 좋아하고 싫어하며 취하고 버리는 생각을 내지 않으며, 성공과 실패, 이익을 생각하지 않고, 선도 생각하지 않고 악도 생각하지 않으면, 모든 것이 편안하고 고요한 공적(空寂)의 가운데로 돌아가며, 몸의 광명이 나타난다.

5. 서방정토는 어디에 있는가? 반드시 이 심지(心地)로 줄곧 공부하여 미세하고 지극함에 이르러 일체의 번뇌와 미혹을 끊어 청정하여 잡염(雜染)이 없는데 이르면, 그때가 바로 서방정토다.
　　결코 "어디가 서방정토인가?"라고 줄곧 추구하는 것이 아니다. 이 추구하는 망념이 있으면 그것은 여전히 "탐, 진, 치"이다. 만약 줄곧 이러한 형상에 집착하면서 "서방에 갈거야, 서방에 갈거야."라고 말한다면, 그러나 서방은 또 어디에 있는가? 서방은 바로 그대의 마음에 있다. 반드시 우리의 마음으로 힘을 써야만 수행하여 자심(自心)이 나타나는 경지에 이르게 될 것이다.

따라서 "부처님은 영산에 있으니 멀리 구하지 말고, 영산은 단지 그대의 마음에 있네. 사람마다 영산탑을 가지고 있으니, 영산탑 아래로 향하여 닦는 것이 좋네."

佛在靈山莫遠求, 靈山只在汝心頭
人人有個靈山塔, 好向靈山塔下修

마음 밖으로 부처를 구하면 옳은 점이 없다. 우리는 이 영산탑 아래로부터, 또한 바로 이 마음으로부터 닦아가야 서방정토에 도달할 수 있다.

6. 만약 우리의 자심(自心)이 안정되면, 자연히 일이 없게 되며, 매일 마음이 안정되고 정신이 충족되며, 마음에 구함이 없게 된다. 하지만 인연따라 하루하루를 지내게 되니, 마음속은 저절로 즐겁고 기쁘다. 이것이 바로 서방의 경계다. 서방은 어디에서 구하는가? 서방은 즉 우리 사람의 마음에 있다. 반대로 마음이 만약 안정되지 못하면, 항상 일이 발생하여 어디로 가도 안정되지 못할 것이다.

제35장 염불수행 관련 질문

1. 요즘 선(禪)을 수행하는데, 선정쌍수(禪淨雙修: 선과 정토를 같이 수행하는 것)가 가장 근기에 맞는 것입니까?

　스님께서 말씀하셨다. "선은 색상을 관여하지 않고, 화두도 관여하지 않으며(화두를 참구하는 것은 부처를 참구하는 것이다), 강설에 있지 않고 신에게 기도하는 데도 있지 않다. 단지 정(定)에 들어가기를 구하며, 정에 들어갈 수 있으면 곧 선이 있는 것이다. 근 백년(百年) 이래로 선을 배우는 많은 사람은 염불로부터 기초를 다졌으며, 이것은 확실히 하나의 길이다. 그러나 결코 단지 하나의 길만 있는 것은 아니다. 따라서 나는 또한 여러분에게 이 길을 가기를 권하지 않는다."

2. 묻기를 "어떻게 하면 해탈할 수 있습니까?"
　노스님이 말하였다. "염불하라. 염불하여 망념을 수섭하면 지혜를 열 수 있으며, 곧 해탈할 수 있다. 염불하지 않으면 망념이 분분히 날뛰어 이

것저것을 생각하게 되며 업장에 얽혀서 어떻게
해탈할 수 있겠는가?"

3. 묻기를 "수행과정 중에 많은 난관이 있는데,
어떻게 타파해야 합니까?"

　답하시기를 "우리는 지금 비록 출가하였지만,
여전히 무시이래로 지은 죄업과 원친채주(怨親債
主: 우리에게 원한을 가지고 빚을 가진 인연있는
중생)가 있으며, 그들은 모두 빚을 받으러 올 것
이다. 우리는 염불해야 하며, 염불의 힘에 의지
하여 하나하나의 난관을 타파해나가야 할 것이
다."

4. 묻기를 "부처님의 명호를 염하는 것은 또한
집착이 아닙니까?"

　답하시기를 "부처님의 명호를 집지(執持)하는
것은 집착이 아니다. 왜냐하면 부처님의 명호를
집지하기 때문에 정념(正念)을 얻을 수 있기 때
문이다. 만약 약간의 산란심이나 혹은 명리(名利:
명예와 이익)의 마음이 있으면, 그것이 바로 집
착이다."

5. 묻기를 "줄곧 염불해야 한다고 하셨는데, 줄
곧 염불해야 하는 것은 집착이 아닙니까?"

　답하시기를 "이것도 집착이 아니고, 정진이다."

6. 제자가 말하기를 "어떤 때 생각하는데, 시간은 실로 너무 귀중한 것이다. 따라서 잠을 자기가 아까우며, 저녁에 온밤을 잠자지 않고 정좌하여 염불합니다."
　노스님이 말하기를 "그러면 안 된다. 잠을 잘 자야 정신이 충족하니, 비로소 잘 염불할 수 있을 것이다."

7. 제자들이 물었다. "생사를 벗어나려는 마음이 없으며, 염불하면서 무엇하는 것인지 모르겠습니다."
　노스님이 말씀하였다. "염불하는 것을 '모르면' 그런대로 괜찮다. '알면' 도리어 분별하게 된다. 이러한 바깥의 모든 것은 환상과 같은 경계이니, 분별하면 안 될 것이다. 생사를 벗어나려는 마음은 지각하지 못하는 사이에 수행이 어느 경계에 이르면 자연히 이루어지는 것이다."

8. "염불은 어떻게 염하는 것입니까? 어떤 사람은 한평생 염불하여도 도리어 여전히 흐리멍덩합니까?"

노스님이 말씀하시길 "염불은 자연스럽게 줄곧 염해가면 좋으며, 무엇을 하려고 구하지 말아야 한다. 구하는 바가 없이, 집착하는 바가 없이 염해야, 비로소 깨달음에 이를 수 있을 것이다."

9. "스님께서는 우리에게 자재함을 배우라고 하시는데, 어떻게 해야 비로소 자재함을 배울 수 있습니까?"

노스님께서 말하였다. "아미타불을 많이 염할 것이며, 천천히 일을 하는데 천천히 하면, 성미와 개성이 좋아지고 천천히 자재해질 것이다. 온순함은 바로 참음이다."

10. 묻기를 "망념이 많은데 어떻게 대치해야 합니까?"

답하기를 "망념이 많은 것은 바로 업장이다. 망념을 제거하려면 염불이 비교적 쉽다. 다른 속세의 인연을 적게 하는 것도 매우 중요하다."

11. "우리가 염불하면 항상 혼침하거나 산란한데, 이것은 무엇 때문입니까?"

답하기를 "원력이 없기 때문이다. 만약 원력이 있으면, 자연히 우리가 사회에서 습관적으로 방일하는 마음을 수습할 수 있을 것이며, 일심으로 염불하면 망념은 저절로 소멸될 것이다."

12. 묻기를 "염불하는데 만약 산란심이 있으면, 어떻게 합니까?"
답하기를 "유일한 방법은 바로 계속해서 염하는 것이다. 온 정신을 여섯 자의 명호에 투입하면 된다."

13. 묻기를 "어떤 사람이 말하기를, 염불하면 마(魔)가 붙을 수 있다는데, 이것은 무엇 때문입니까?"
답하기를 "이것은 그대에게 이러한 생각이 있으므로 비로소 마가 붙는 것이다. 그대의 마음이 전일하지 못하면 비로소 마가 붙을 수 있다."

14. 묻기를 "어떤 사람은 매우 수행이 있지만, 임종 시에 여전히 병에 걸리거나 의외의 사고를 당하는데, 이러한 문제에 대하여 당신은 어떤 견해를 가지고 계십니까? 이것은 '정해진 업은 바꾸기 어렵다[定業難轉]'는 것입니까?"
답하기를 "'정해진 업은 바꾸기 어렵다[定業難轉]'라고 말할 수 있으며, 또한 '원을 타고 업을 돌려준다[乘願還業]'이라고도 볼 수 있다."
　"어떤 사람이 말하기를, 그는 그렇게도 수행이

있는데, 설마 수행의 힘이 업력을 극복할 수 없다는 것인지요?"

"나는 말할 수 있다. 수행이 있어야 비로소 이러한 고난과 좌절을 만날 수 있다고. 이것은 바로 그의 수행공덕으로 일이 이렇게 한 번에 해결된 것이다."

15. 묻기를 "매일 다라니를 지송하고, 부처님께 절하며, 다시 법화삼매(法華三昧) 예참을 더하면, 마음에 잡념이 더 생기는 것은 아닌지요?"
답하기를 "자기에게 주인이 없으면 안 되며, 전심으로 염불하고 계율을 보고 부처님께 절하면 괜찮다. …… 일이 많을수록 더욱 집착하게 되고, 마음은 더욱 안정되지 못한다. 남들의 선한 일을 가지고 닦지 말아야 할 것이다. 만약 근기가 있는 사람이면 남들의 좋지 않은 일을 가지고 닦으면, 더욱더 진보할 수 있을 것이다. 만약 자기가 잘할 줄 모르는 것을 가지고 수행하면 번뇌가 일어날 것이다. 마음이 안정되려고 하면 매우 어려우므로 마음속의 불생불멸하는 것을 찾아야 하며, 바깥의 생멸하는 것을 찾지 않아야 한다. 사람마다 모두 갖추고 있는 본래의 자성(自性)을 찾아야 하며, 일체의 들을 수 있고 볼 수 있는 것은 모두 바깥의 일로서 자기와는 무관하다."

16. 모 거사가 물었다. "염불하면 부처를 볼 수 있습니까?"

답하였다. "볼 수 없다."

그 거사가 다시 물었다. "〈대세지보살염불원통장(大勢至菩薩念佛圓通章)〉에서 말씀하시길 '만약 중생이 마음으로 부처님을 기억하고 생각하면 현전이나 미래에 반드시 부처님을 볼 것이며, 방편을 빌리지 않고 저절로 마음이 열릴 것이다.'라고 하였는데, 이것은 또 어떠합니까?"

답하였다. "맞아! 바로 마음이 열린다는 것은 부처님을 본다는 것이며, 자성의 부처를 본다는 것이다." (부처님은 색상으로 보는 것이 아니라는 뜻이다.)

17. 물었다. "어떻게 하면 일심불란을 얻을 수 있습니까?"

답하였다. "일심불란을 얻으려면 반드시 먼저 간탐하지 않고, 걸림이 없으며, 산란심이 없어야 비로소 가능하다. 우리 출가인은 비교적 쉽게 해낼 수 있으나, 재가의 대중은 갖가지의 세속사무에 마음이 걸려 놓지 못하니, 비교적 해내기가 쉽지 않다. 출가인은 몸과 입과 마음의 세 가지

업이 청정하여 육근을 모두 수섭하면, 곧 일심불
란을 얻을 수 있다. 7일간의 염불정진법회를 하
는 것은 정념을 얻거나, 혹은 지혜를 열기 위함
으로서 색성향미촉법(色聲香味觸法)을 제거해야
육근의 청정을 얻을 수 있을 것이다. 출가인도
육근을 청정하게 해야 하며, 맛있는 것을 먹거나
혹은 무엇을 위함이 아니다."

18. 어느 날 오후 노스님은 대웅전 바깥에서 더
위를 식히고 있을 때, 전(傳)모 스님이 대업왕생
(帶業往生: 악업을 가진 채로 극락세계에 왕생하
는 일)에 관하여 가르침을 청하였다.

　노스님께서 말씀하였다. "무릇 형상이 있는 것
은 모두 허망하며, 일체는 오직 마음이 짓는 것
이다. 〈아미타경〉 가운데서 서방극락세계에는
금, 은, 유리 등 모든 장엄한 모습은 모두 중생
이 일체의 형상에 대하여 분별하여 취하려고 탐
하는 습성을 대치하기 위하여 방편으로 설립한
것이며, 중생으로 하여금 그런 것을 흠모하여 전
심으로 염불하게 하기 위함이다. 이른바 '대업왕
생'과 더불어 비슷한 유도작용을 가지고 있다.
일체의 형상을 떠난 청정함과 걸림없는 경지라
야, 비로소 진정으로 궁극의 서방극락이다."

19. 물었다. "당신은 대업왕생에 대하여 어떠한 견해를 가지고 계십니까?"

답하였다. "업을 가지고는 왕생할 수 없다. 경전 가운데의 '대업왕생'은 일반인이 생각하는 그러한 것이 아니다. 그대에게 극락세계에 왕생하려는 원(願)이 있으면, 임종 시에 만약 업력(業力)이 염불의 힘보다 크면 아직 왕생할 수 없다. 그러나 그대의 원력으로 인하여 인간의 몸으로 다시 와서 계속 염불해야 한다. 이와 같이 몇 번을 생을 바꾸어 줄곧 염불하여 그대의 염불하는 힘이 업력보다 크게 되면, 그대는 곧 왕생할 수 있다.

어떻게 경계(삶)를 굴릴 것인가

우리 마음이 어떻게 해야
경계(사건과 대상)를 굴릴 수 있을까요?
그것은 바로 염불을 많이 하는 것입니다.
어떤 일(대상)을 마주하던
모두 한마디 아미타불이니,
(일체가 아미타불의 화신이다)
옳고 그름(是非)을 멀리 떠나
한마디 아미타불을 염하십시오.
늘 이렇게만 한다면
'아미타불'하는 염(念)이
마음속을 떠나지 않을 것입니다.
- 광흠廣欽 노화상老和尙

轉境
전경

제36장 견고한 도심(道心)

1. 아침에 일어나면 먼저 머리를 만져보면서 왜 출가를 했는가를 생각해야 한다. 생사를 벗어나고, 윤회를 받지 않기 위하여 출가하였다. 그러므로 도를 닦으려는 마음[道心]을 일으켜야 한다.

2. 스승의 말씀에 따라 수행하여 한편으로 일하면서, 한편으로 염불하면서 아집(我執)과 법집(法執)을 제거하면, 지혜가 열릴 것이다. 지혜는 색상이 없는 것이라 잡으려고 해도 잡을 수 없다. 지혜가 열릴 때는 자기도 모르며, 일을 만나 한 번 생각하면 곧 어떻게 처리해야 하는지를 알게 되며, 이것이 비로소 지혜이다.

3. 대자연의 법칙은 본래 평등한 것이다. 이곳에서 잃은 것은 반드시 다른 곳으로부터 얻을 수 있으며, 물고기와 곰의 발바닥을 함께 얻을 수 없다. 수행상에서 어떠한 것도 공짜로 얻을 수 없으며, 어떠한 것도 속이거나 허위로 취할 수 없다. 모두 한걸음 한걸음 착실하게 밟아가야 하

며, 한 분량을 경작하면 한 분량을 수확할 수 있다.

4. 진정으로 수행하는 사람은 도심(道心)이 견고하고, 원력(願力)이 강하다. 나쁜 일을 만날수록 더욱 깊게 체험할 수 있으며, 도리어 견고한 인내의 도행(道行)을 배양할 수 있다. 따라서 말하기를 "괴로움이 없으면 도를 이루지 못한다[無苦不成道]"라고 한 것이다. 출가와 재가는 크게 다르며, 출가하면 괴로울수록 더욱 수행하기가 좋다.

5. 출가하여 수행함에 있어서 "좋은 일의 모습[好事相]"을 바라지 않아야 한다. 진정으로 수행을 위하여 닦아야 하며, 이러한 도심(道心)이라야 비로소 견고해질 것이고, 매일 마음이 비로소 안정될 것이다. 수행은 편안하고 일 없음을 구하는 것이 아니라, 괴로움을 견딜 수 있어야 한다. 하지만 이러한 괴로움은 단지 일을 하는 괴로움만 있는 것이 아니라, 또한 수행과정 중에 만나는 갖가지의 시험을 포함한다. 따라서 그대가 '힘들고, 괴로운' 느낌이 있을 때가 바로 (그대를) 시험하는 것이다. 이때 그대는 반드시 지혜를 운용하여 마음상의 장애를 항복시키고, 수행의 정신

을 가지고 만 가지의 고난을 극복해야 한다. 왜
냐하면 "경계가 있어야 비로소 수행을 잘하는
것이며, 경계가 없으면 도를 이루지 못하기" 때
문이다.

6. 수행인은 바로 색, 성, 향, 미, 촉, 법의 업식
의 순역(順逆) 가운데서 해탈을 구해야 한다. 마
장이 없으면 도를 이루지 못하며, 성불(成佛)이
어디 그렇게 쉬운 일이겠는가? 고행과 마장을
겪지 않고, 어떻게 무명 번뇌를 연마할 수 있겠
는가? 수행인은 바로 마장(魔障)을 닦는 것이다.
오직 마장의 경계 가운데의 무명 번뇌를 타파해
야 비로소 해탈을 얻을 수 있다. 또한 오직 색,
성, 향, 미, 촉, 법을 버리고 마음에 걸림이 없어
야, 비로소 청정한 해탈을 얻을 수 있으며, 비로
소 보리심이 드러날 수 있다. 따라서 수행인은
마장을 두려워해서는 안 되며, 안정된 순경계를
탐해서도 안 된다. 그렇게 하면 진보할 수 없는
것이다.

7. 두려워하고 두려워하지 않는 것은 바로 안정
되고 안정되지 못한 것이다. 두려워하지 않으면
안정되고, 두려워하면 안정되지 못한다. 두려워
하는 것은 자기 스스로 두려워하고 있는 것이며,

다른 사람이 두려워하는 것이 아니다. 자기가 수행하지 못하고 자기가 주인이 되지 못하면 두렵다. 두려움이 많아지면 곧 번뇌를 생하고, 마음이 안정되지 못하며, 또한 도를 닦는 마음이 없어질 수 있다.

8. 수행은 시간이 필요하다. 평소 열심히 노력해야 하고 언제나 자기의 내심에서 공부해야 한다. 남들이 말할 때 우리는 마음속으로 염불해야 한다. 자기가 자기를 보고, 방일해서는 안 되며, 마음이 산만해서는 안 된다. 시시각각 길을 걸어갈 때도 염불해야 할 것이다.

9. 수행은 말린 두부처럼 가져와서 먹을 수 있는 것이 아니다. 10년, 20년 한 구의 불호를 지녀가야 하며, 게다가 믿음, 발원, 수행을 더하여 그와 같이 지속해 가야 한다.

10. 수행은 변하지 않는 마음[恒常心]을 가져야 하며, 한번에 이루어지는 것이 아니다. 만약 공부가 없으면, 염불로써 망념을 제거해야 하며, 깨달아 과(果)를 증득하는 것이 그렇게 쉬운 일이 아니라고 생각해야 한다. 일상생활 중에서 수행을 지속하고, 믿음, 발원, 수행으로 한구의 불

호를 집지해 가면, 자연히 마음을 밝혀 견성할 것이다.

11. 염불은 장원심(長遠心)을 발하여야 하며, 끊어짐이 있어서는 안 된다. 마치 작은 계곡의 물이 물줄기가 크거나 작음을 불문하고 언제나 끊임없이 대해로 흘러가는 것과 같다. 염불하는 것도 이와 같이 염함이 많든지 적든지 간에 오래 지속해야 한다. 매일 매일 염하고 일심으로 염하여 염함이 아미타불의 대서원의 바다에 이르도록 할 것이며, 서방극락에 왕생해야 희망이 있다. 어떠한 사람도 단지 염불하려고만 하면 성불은 반이나 이룬 것이다.

12. 수행은 중도를 유지해야 한다. 급하지도 느리지도 않게 가는 물이 길게 흘러가듯이.

13. 이후 스승이 계시지 않더라도 번뇌할 필요가 없으며, 단지 스승의 말을 잘 들어 염불하며 고행을 닦는 것이다. 육진(六塵)이 좋든지 나쁘든지 집착할 필요가 없으며, 인연을 따라야 할 것이다.

수행은 곳곳에서 걸림이 없어야
마음이 비로소 고요해지며
비로소 염불을 할 수 있어
여여부동如如不動할 수 있다
- 광흠 큰스님

제37장 수행의 풍광

1. 수행은 곧 몸과 마음을 놓고 일체의 공덕을 닦으며 보살도를 행하는 것이다. 보리심을 발하고 대원력을 발해야 한다. 거친 옷과 담백한 식사로 하루 일을 하면, 곧 하루의 수행을 하는 것이다. 오늘에 내일의 일을 걱정할 필요가 없으며, 모든 일은 인연을 따르면 된다.

2. 허운(虛雲) 노스님은 일찍이 성지를 순례할 때 맨발에 하나의 지팡이로 짐을 지고 배고픔을 참으며 날을 지냈다. 어디에 도착하는 대로 개의치 않았으며, 내일의 일은 내일 다시 결정하였다. 마음속에 머무는 바가 없었으며, 모두 용과 천상의 호법이 보호하였다. 우리는 원(願)이 없으며, 원이 있으면 무슨 일이든지 해낼 수 있다.

3. 출가인은 일을 함에 구하는 바가 없으며, 마음에 머무는 바가 없다.

4. 참운(懺雲) 노스님이 다시 광흠노스님께 물었

다. "수리(水里)의 대웅전이 완공된 후 어떻게 중
생을 이롭게 하는 일을 해야 합니까?"

노스님이 말씀하였다. "그렇게 많이 걱정할 필
요가 없어. 완공이 되어도 이렇고, 완공이 되지
않아도 이러하며, 자기의 일을 하면 된다. 나의
이 승천사(承天寺)도 같으니, 완공이 되든 완공이
되지 않든, 나도 이러하며, 가려고 생각하면 곧
가는 것이지."

5. 수행은 걸림이 없는 것을 닦아야 한다. 마치
새가 둥지를 만들 듯이. '새장 속의 닭은 먹이가
있으면 가마솥이 가깝고, 들판의 학은 먹을 양식
이 없지만 천지가 넓다.' 그는 어디로 날아가든
지 마음대로이며, 어느 곳으로도 날아갈 수 있으
니, 이것이 가장 자재한 새이다. 수행은 곳곳에
서 걸림이 없어야, 마음이 비로소 고요해지며,
비로소 염불을 할 수 있어 여여부동(如如不動)할
수 있을 것이다.

6. 마음대로 가고 인연따라 지내며, 어떤 일이든
지 모두 나의 마음을 어지럽힐 수 없어야 한다.
모든 의식주행(衣食住行: 옷, 식사, 집, 행동)과
시비(是非)와 영욕(榮辱: 영광과 치욕)을 모두 차
갑게 내려놓아야 한다. 이와 같이 바깥의 인연이

청정해야 마음속의 지혜가 저절로 열린다.

7. 하루 가운데 평정(平靜)하게 염불하고 절하며 일을 할 수 있으면서 과실(過失)이 발생하지 않아야 된다. 무엇을 하려고 생각하지 않아야 하며, 허물이 없는 것이 곧 공(功)이다.

8. 이 가사를 입으면, 어떤 일을 하든지, 걸림이 없을 정도로 수행해야 한다. 인정(人情)과 세상의 일 등 모든 것에 걸리지 않아야 한다. 걸림이 있으면 쓸데 없는 것이다.

9. 평상심이 바로 도이다. 매일 번뇌를 일으키지 않고, 환희심을 일으키지 않으며, 염불과 절을 많이 해야 한다.

10. 사람을 대하는데 좋지도 나쁘지도 않게 하고, 인연을 따라 사람들과 좋은 인연을 맺어야 하며, 반연(攀緣)하지 않아야 한다. 시시각각 마음이 일어나고 생각이 움직이는 것을 주의해야 한다. 나쁜 염두가 일어나면 곧바로 자기를 일깨워야 한다.

11. 수행은 '자비의 모습[慈悲相]'에 이르도록 닦

아야 한다. 사람을 보는 눈빛이 친근하고 자비로
워야 한다.

12. 수행은 움직임 가운데서 고요함을 취하는[動
中取靜] 데 있으며, 고요함 가운데 고요함을 취
하는[靜中取靜] 것이 아니다. 그러면 공부가 아직
이르지 못한 것이다. 가장 좋은 것은 '움직임과
고요함 모두에 걸림이 없는' 것이다.

13. 수행은 동정(動靜)에도 걸림이 없을 정도에
이르러야 한다. 어떠한 것을 '동정(動靜)에도 걸
림이 없는' 것이라고 하는가? 바로 움직이는 경
계 가운데서도 마음이 부동하며, 움직임에 구르
지 않는 것이다. 그리고 고요할 때도 고요하다는
염두가 없으며, 고요한 모습에 집착하지 않는다.

14. 일반인은 모두 잘 움직이며, 마음이 고요해
지지 못한다. 그러나 수행은 시시각각 적정(寂靜)
을 유지해야 한다. 또한 이 마음을 자기가 고요
해지게 할 수 있으며, 고요하지 않아도 저절로
고요해진다. 만약 한 사람이 그곳에 앉아서 아무
런 감각이 없을 수 있고, 또한 무슨 번민할 일이
없어야 한다. 자기가 이렇게 매우 자재하게 고요
할 수 있으면, 이것이 바로 도(道)가 궤도에 오

른 것이다.

15. 수행인은 어디로 가든지 간에 평상심을 유지해야 하고, 걸림이 없고 막힘이 없이 청정하고 자재할 수 있어야 할 것이다. 그리고 수행은 바로 이 한 점의 '자재'함을 닦아야 한다.

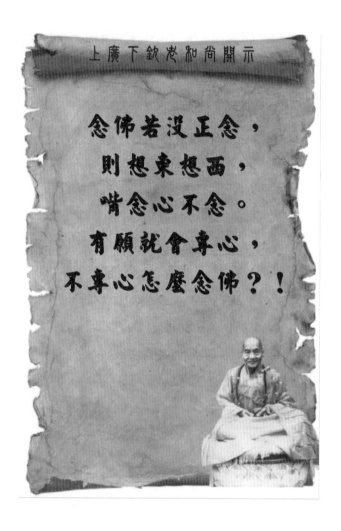

上廣下欽老和尚開示

念佛若沒正念，
則想東想西，
嘴念心不念。
有願就會專心，
不專心怎麼念佛？！

광흠 노스님 연보(年譜)

◎ 1892년 음력 10월 26일 복건성(福建省) 혜안현(惠安縣)에서 출생하였으며, 성은 황(黃) 이름은 문래(文來)였다. 집이 가난하여 진강현(晉江縣)에 사는 농부 이(李)씨 집에 양자(養子)로 갔다.

◎ 1896년 5세 때 양자로 간 이씨 집에서는 과일나무를 심어 살아갔지만 먹고살기에는 부족하였다. 스님은 어려서 병이 많았으며, 양부모가 친자식 같이 사랑하고 돌봤으며, 그를 데리고 관음정에 가서 재난이 소멸되기를 기도하였다.

◎ 1898년 7세 때 양모는 불교를 믿고 채식하였으며, 스님도 그녀를 따라 채식하며 종신토록 지켰다.

◎ 1900년 9세 때 양모가 돌아가셨다.

◎ 1902년 11세 때 양부도 이어서 돌아가셨으며, 스님은 갑자기 고아가 되었다. 세상이 무상

함을 깊이 느끼고 출가할 생각이 싹텄으며, 천주(泉州) 승천사(承天寺)로 가서 고행을 닦던 서방(瑞芳)스님께 귀의하였으며, 서방스님은 그에게 밭에서 채소를 심고 가꾸는 일을 하게 하였다.

◎ 1910년부터 1926년까지, 스님 19세부터 35세까지 특수한 인연으로 남양(南洋)에 갔으며, 교육을 받지 못한 까닭으로 인하여 단지 화교상인이 개설한 점포에서 잡역을 하고 심부름하는 일에 종사하였다. 나이가 들어 현지의 동향인을 따라 산에 가서 벌목을 하였다. 어느 날 목재를 운반하는 차량이 산 절벽에서 떨어졌는데, 스님은 사전에 그러한 예감을 느껴 경고를 하였지만 아무도 믿지 않았다. 사고가 발생한 후 동향인이 말하기를, "어찌 출가 수행하여 중생을 제도하지 않는가?" 스님은 그 말을 듣고 마치 어떤 느낌이 있어 곧 배를 타고 복건성으로 돌아왔다.

◎ 1927년 36세 때 천주 승천사에서 정식으로 출가하였으며, 법명은 조경(照敬)이고 자(字)는 광흠(廣欽)이었다. 그때 서방스님은 이미 원적하여 방장이신 전진(轉塵)스님을 은사로 삼아 머리를 깎았다. 출가한 후 스님은 오로지 고행을 닦기로 뜻을 두고 남이 먹지 않는 것을 먹고, 남이

하지 않는 일을 하였으며, 항상 좌선하고 눕지 않았으며[常坐不臥] 일심으로 염불하였다. 일찍이 대웅전에서 향을 올리고 종판을 치는 소임을 맡았는데 한 번은 잠을 자다가 종판치는 시간이 늦어 깊이 참회한 후 그때부터 밤에 침상에 눕지 않을 것[夜不倒單]을 결심하였다.

◎ 1933년 42세 때 포전현(莆田縣) 낭산(囊山) 자수선사(慈壽禪寺) 묘의(妙義) 노스님에게서 구족계를 받고 돌아와 천주 교외에 있는 청원산(清源山)에서 은거하여 수행하기로 결심하였다.

◎ 1934년 43세 때 스님은 간단한 의복과 물품, 그리고 10여 근의 쌀을 짊어지고 천주성 북쪽에 있는 청원산으로 가서 동굴을 하나 발견하고 거주할 장소로 삼았다. 그러나 생각지도 않게 그 동굴에는 호랑이가 사는 곳이었다. 그래서 스님은 호랑이에게 이곳을 수행처로 삼으려고 하니 다른 곳으로 옮겨달라고 부탁을 하고, 그를 위하여 삼귀의를 설하였다. 그러자 그 호랑이는 사람의 말을 알아듣는 듯 꼬리를 흔들고 갔으며, 얼마후 그 호랑이는 가족을 데리고 다시 와서 춤을 추고 노는 것이 마치 가축을 길들인 것과 같았다. 그래서 그 이후로 스님은 복호(伏虎)스님

이라는 이름이 널리 퍼지게 되었다.

◎ 1939년 48세 때 스님은 항상 정에 들었으며, 한 번은 수 개월 동안 정에 들어서 먹지 않고 움직이지 않았으며, 심지어는 코의 숨도 쉬지 않았다. 나뭇꾼이 산에 가서 동굴에 스님이 앉아 있는데 마치 죽은 사람처럼 보여서 승천사에 알렸으며, 방장이신 전진 노스님은 당시 복건성에 와 계신 홍일(弘一)대사에게 부탁하여 함께 산에 올라가 살펴보니 입적한 것이 아니라 선정에 든 것을 아시고, 세 번 손가락을 튕기자 스님은 곧 정에서 나왔다. 그리하여 당시 천주 일대에 센세이션을 일으켰다.

◎ 1945년 54세 때 스님은 13년간의 청원산 동굴생활을 끝내고 승천사로 돌아왔다.

◎ 1947년 56세 때 음력 6월 중순 보관(普觀)스님(원적이 기룡)과 같이 복건성 하문(廈門)에서 영국 배를 타고 대만에 왔다. 처음에는 극락사(極樂寺), 영천사(靈泉寺), 최승사(最勝寺) 등에서 지냈으며, 또한 타이베이 법화사(法華寺)에서 밤에 법당 밑에 묻혀있던 일본인 귀신을 제도하였다.

◎ 1948년 57세 때 타이베이 신점가(新店街) 뒤 석벽에 작은 절을 파서 짓고 이름을 광명암(光明庵: 지금의 광명사)이라고 하였다.

◎ 1951년 60세 때 광명사 우측 후방에 있는 큰 석벽 위에 아미타불의 큰 불상을 조각하였으며, 불상의 높이가 2장(丈: 약 3m에 해당) 1척(尺: 약 30㎝에 해당)이고, 연화좌대의 폭이 8척, 깊이가 6척, 높이가 3척이었으며, 이것은 대만에서 석불을 조성하는 풍조를 만든 시초가 되었다. 그리고 좌측 하방에 석굴을 파서 광조사(光照寺)를 건립하였다.

◎ 1952년 61세 때 대북현(台北縣) 토성진(土城鎭) 성복산(成福山) 위에 하나의 천연동굴을 발견하였는데, 깊이와 높이가 각각 2장이 넘고 동굴 입구가 동향으로서 해와 달이 처음 뜨면 동굴 안을 비추는 까닭으로 일월동(日月洞)이라고 이름하였다. 이 동굴은 원래 물이 나오지 않았으나 스님이 그 동굴에 머문 이후로 갑자기 맑은 샘이 돌의 틈새로 용출하였다. 그래서 이곳에서 은거 수행하기로 결정하였으며, 아울러 동굴 앞에 목조집 세 칸을 지어 가운데 지장보살(地藏菩薩)을 모셨다. 동굴의 위쪽에 하나의 건물을 지어

제자들을 접인하고 같이 수행하였다.

◎ 1953년 62세 때 산꼭대기 큰 바위 앞에 하나의 집을 지어 스스로 거주하였다. 어느 날 깊은 밤에 큰 구렁이가 스님이 계신 곳으로 왔으나, 스님은 조금도 두려워하지 않고 그를 위하여 삼귀의를 설하였다.

◎ 1955년 64세 때 판교(板橋)의 신도들이 토성현에 있는 산(이곳 사람들은 그 산을 화산火山이라고 함)을 구매하여 스님에게 보시하였다. 즉 지금의 승천사가 소재하는 곳이며, 스님은 대나무를 베어서 배를 만들어 배의 양쪽 끝을 큰 대나무에 묶어 그 위에 결가부좌로 앉아 지냈으며, 그후 다시 땅을 개간하여 기와집 한 칸을 지어 불상(佛像)을 모셨다.

◎ 1956년 65세 때 신점(新店)의 광조사로 돌아오다.

◎ 1958년 67세 때 연말에 다시 토성의 화산(火山)으로 돌아갔다.

◎ 1960년 69세 때 화산 산기슭에 대웅전을 지

었으며, 아울러 화산의 이름을 청원산(淸源山)이
라고 바꾸었다.

◎ 1962년 71세 때 계속하여 절의 건물을 짓고
아울러 삼성각을 확장하였다.

◎ 1963년 72세 때 스님은 신도들의 요청에 응
하여 화련과 대중(臺中) 등의 지역에 널리 법을
펼쳤다. 아울러 천상(天祥)지역에 상덕사(祥德寺)
를 건립하였으며, 오늘의 천봉탑(天峰塔)은 스님
이 당시 좌선하던 위치다. 용정산(龍井山) 위에
광룡사(廣龍寺)를 건립하였다.

◎ 1964년 73세 때 연말에 승천사로 돌아와서
거듭 오래된 업을 정돈하고, 산문(山門)과 방장실
을 지었다. 스님은 대만에 오신 지 17년 동안
세 차례 긴 시간동안(약 1주일 이상) 선정에 든
기록이 있으며, 더욱이 매일 단지 과일만 먹고
지냈으며, 익은 음식을 먹지 않았다. 이로 인하
여 "과일스님"이라는 아호가 생겼다. 비가 오는
날을 제외하고는 밤에 숲속에서 좌선하며 수행
하였다. 이상에서 서술한 특이한 수도과정은 많
은 사람들이 서로 전하여 남녀노소 모두 알게
되었다.

◎ 1965년 74세 때 그해 9월 공양간과 주방을 건립하여 승천사의 초기 건축은 이것으로 완성되었다.

◎ 1966년 75세 때 스님의 명성을 듣고 찾아오는 귀의자들이 끊이지 않았다.

◎ 1969년 78세 때 토성진(土城鎭)에 광승암(廣承庵)을 창건하였다.

◎ 1971년부터 1974년까지, 80세부터 83세까지 스님은 일찍이 이 세상을 떠날 것을 언급하였으나, 제자들의 간절한 요청으로 그 시기를 늦추었다. 이 수년 동안 신도들의 요청으로 남투(南投), 대중(臺中), 가의(嘉義), 화련(華蓮) 등 지역에 법을 널리 펴며 중생을 제도하였다.

◎ 1975년 84세 때 다시는 산을 내려가지 않으려고 하였다.

◎ 1976년 85세 때 승천선사의 초창기 건물의 기와가 오래되고, 지반이 내려 앉으며, 벽에 균열이 생겨 우선 여자대중의 방을 중건하였다.

◎ 1977년 86세 때 가을 승천사의 땅을 넓히고 평평하게 하여 지은지 오래된 삼성전과 공양간, 대웅보전, 방장실 등을 철거하였다.

◎ 1978년 87세 때 봄 승천사 원래의 대웅전 자리에 삼성전을 지었으며, 다시 산기슭의 지형을 따라 조사당과 공양간 등을 지었으며, 광승암에 다시 화장탑(華藏塔)을 세웠다. 아울러 계속하여 대웅보전과 두 칸의 선방, 지하실, 장경각, 강당 등을 건립하였다. 건축의 모든 일은 제자 전빈(傳斌)스님이 주관하였다.

◎ 1982년 91세 때 스님은 자기를 10여년 동안 시봉한 제자인 전문(傳聞) 스님을 까오슝(高雄) 육구향(六龜鄉) 보래촌(寶來村)에 파견하여 묘통사(妙通寺)를 건립하게 하였다.

◎ 1985년 94세 때 음력 10월에 호국(護國) 천불(千佛) 삼단대계(三壇大戒) 법회를 거행하였으며, 계를 구하는 제자 2,500여 명이 참가하여 유사이래 최고의 성황을 이루었다. 수계법회를 마치니 이미 연말이 되어 스님은 급히 타이베이로 돌아가려고 하였으며, 그래서 음력 12월 26일 전회(傳悔) 스님이 모시고 승천사로 돌아왔다.

◎ 1986년 95세 때 스님은 병의 모습을 보이시며 음식과 의약을 거절하고 신도들을 일체 접견하지 않았다. 음력 정월 초 1일 새벽에 각 분원의 책임자들과 승천사 대중들을 소집하여 일일이 부촉하였으며, 아울러 원적하면 화장한 후 영골을 나누어 승천사, 광명사, 묘통사 세 곳에 공양할 것을 지시하였다. 아침 공양 후 까오슝 묘통사로 돌아갈 뜻을 나타내었으며, 대중들은 스님의 뜻을 어길 수 없어 스님을 남쪽으로 모시고 갔다.

◎ 그해 정월 초2일 호흡이 미약하였으며, 초3일 체력을 회복하고 또한 대중들과 함께 염불하였으며, 자유롭게 대화하고 정신이 되살아나 마치 아무 일도 없는 듯하였다.

◎ 정월 초4일 아침 제자 전문(傳聞) 스님과 대중들을 소환하여 전각 바깥에 서서 햇빛을 쬐게 하시다가, 곧이어 전문스님을 몸 곁에 오게 하고 말하기를 "그대는 되었어, 저들(대중을 지칭)은 아직 안 되었어."라고 하였다.

◎ 정월 초5일(양력 2월 13일) 스님은 보시는 것이 맑고 투명하며, 안정되고 편안하였으며, 조

금의 이상 증세가 없었으며, 제자들에게 함께 염
불하도록 부촉하였다. 오후 2시 대중들에게 고하
기를 "오는 것도 없고 가는 것도 없다. 아무 일
도 없어."라고 하였으며, 아울러 대중들에게 고
개를 끄덕이며, 눈을 감고 편안히 앉았다. 조금
후 스님은 움직이지 않았으며, 곧 앞으로 가서
자세히 살펴보니, 스님은 염불하는 소리 가운데
서 편안하게 원적(圓寂)하셨다.

광흠 스님이 호랑이들의 외호를 받으며 보림공부를 한 동굴.

번역후기

염불수행의 대선지식 광흠(廣欽) 노스님

　광흠 노스님에게는 여러 가지 별칭이 있다. 호랑이를 조복시켰다고 해서 "복호화상(伏虎和尙)"이라고 하며, 대만으로 건너와서 평생 과일만 드시고 생명을 유지하였기 때문에 "과일스님[水果師]"이라고 하였으며, 평생을 일반인이 행할 수 없는 장좌불와(長坐不臥)를 하였기 때문에 "고행승(苦行僧)"이라고도 한다. 이와 같이 광흠 노스님의 일생은 일반인과는 다른 특별하고 신기한 면이 많이 있다.

　광흠 노스님은 일생 동안 염불수행을 하였으며, 인욕(忍辱)보살이라고 할 정도로 절에서 힘든 일을 도맡아 하며, 밤에 잠을 자지 않고 염불하였다고 한다. 36세 때 새벽예불의 종판을 5분 늦게 쳐서 대중들의 수행에 지장을 주었다고 느끼고 크게 참회하면서 그때부터 밤에 누워서 잠을 자지 않고 앉아서 염불하며 잠시 잠을 자는

"장좌불와"를 시작하여 입적하기 얼마 전까지 지속하였다.

스님은 39세 때 고산(鼓山) 용천사(湧泉寺)에서 불칠(佛七: 7일간의 염불정진) 법회 기간에 염불삼매를 얻었으며, 이후 대만에서 외국인과의 면담에서 다음과 같이 말씀하였다. "그 당시 염불하는 소리 가운데 홀연히 몸과 마음이 적정(寂靜)한 것이 마치 타향 이국에 들어가 눈으로 보는 것 같았으며, 새소리, 꽃 향기, 바람이 불어 풀이 움직이는 등 모든 어묵동정(語默動靜)이 염불, 염법, 염승 아닌 것이 없었다. 이러한 경계가 3개월 동안 끊어지지 않고 면면히 이어졌다."

그리고 43세부터 복건성 천주(泉州) 청원산의 동굴에서 13년간 수행하였으며, 식물의 뿌리를 캐서 연명하였으며, 원숭이들이 자주 야생의 과일을 가지고 와서 스님께 공양 올리기도 하였다. 이 기간 호랑이 한 마리에게 삼귀의를 해 준 후 그 호랑이는 가족 호랑이를 데리고 와서 스님의 동굴을 지켜주었다고 해서 "복호화상"이라는 이름이 생기게 되었다.

이 기간 4개월간의 긴 삼매에 들어가 하마터면

화장(火葬)을 당할 뻔하였는데, 그 당시 그 지역과 가까운 곳에서 홍법활동을 하시던 홍일(弘一)대사에게 연락하여 광흠스님의 지금 상태가 삼매에 든 것인지, 아니면 입적하신 것인지를 감정해달라고 부탁하였다. 홍일대사6)는 급히 오셔서 살펴보시고는 이 상태는 정말 얻기 힘든 삼매의 상태라고 하면서 손가락을 세 번 튕겨서 광흠스님을 선정에서 깨어나게 하였다.

노스님은 대만과 인연이 성숙하였음을 아시고 56세 때 대만으로 건너왔으며, 매일 과일만 먹고 생활하여 "과일스님"이라는 별칭을 얻게 되었으며, 밤에는 절 바깥에 앉아서 좌선하였다. 대만에서 신도들이 오면 단지 "착실하게 염불하라[老實念佛]"는 말씀만 하시면서 불자들에게 염불수행을 강조하였다. 노스님은 대만에서 아미타불 염불수행을 널리 펴시는데 큰 공헌을 하신 대선지식이라고 할 수 있다.

노스님은 1958년 타이베이 근처에 승천선사

---

6) 홍일대사(1880-1942)는 예술가로서 활동하다가 우연히 참선수행을 한 후 고요와 평온을 느꼈으며, 1918년 항주에서 출가하여 평생 계율을 엄격히 지키면서 남산 율종을 집대성하였다. 중극 근대에서 지계제일이라고 칭송받는 스님이다.

(承天禪寺)를 건립하였으며, 1963년에는 타이중(臺中)에 광룡사(廣龍寺)를, 1969년에 광승암(廣承岩)을 지었으며, 1982년에는 대만 남부 까오슝(高雄)에 묘통사(妙通寺)를 건립하였다. 노스님은 1986년 95세의 세수로 이 사바세계를 떠났으며, 입적하시기 3일 전에 허공에 연꽃이 나타났으며, 입적 후 수많은 사리를 남겼다. 이 연꽃 사진을 제가 다니는 절에 걸려있는 것을 보고 물어보았지만, 그 사진의 유래를 아는 분이 없었는데, 광흠 노스님에 대하여 공부하다 보니 알게 되었다.

妙通寺上廣下欽老和尚圓寂時，在家弟子刺最後一張底片，照月亮時所顯現之蓮花，佛法不可思議！

광흠 노스님과 성화상인

　광흠 노스님은 선화상인의 법문을 통해서 알
게 되었다. 중국에서 생활할 때 선화상인의 법문
을 접하고 크게 감명을 받은 후 법문 가운데 대
만의 광흠 노스님의 수행을 칭찬하신 글을 읽고
인터넷상에서 검색해보니 과연 선화상인께서 칭
찬하실만하다는 것을 알게 되었다. 그 후 중국의
어느 절에서 노스님의 작은 법문책을 입수하게
되어 자주 읽으면서 제 자신을 경책하였다. 선화
상인은 대만에 홍법하기 위하여 오셨을 때 오직
광흠 노스님을 예방하고 대화를 나눴다.

　이 책은 정토법문과 염불수행에 관한 법문뿐

만 아니라, 생사윤회와 해탈, 반야와 수행, 고통과 출가, 습기와 아상의 제거, 인과, 중생제도 등 불교의 전반적인 방면을 다루고 있다. 따라서 정토 수행자가 아니더라도 각자의 수행에 많은 도움이 될 것이라 생각한다.

이 세상의 모든 법은 홀로 일어나지 않는 것 같다. 이 책을 번역하게 된 인연도 묘하다. 제 고등학교 친구가 정년퇴직을 하고 마음이 답답하던 차에 어떤 친구가 수덕사에 놀러가자는 말에 같이 따라나섰다고 한다. 그 친구는 수덕사 견성암으로 가서 운여(雲如) 비구니스님을 만나게 되었으며, 차담을 마친 후 그 스님께서 책을 한 권 선물하였는데, 자기의 상좌가 대만 유학을 갔다가 오면서 가지고 온 책이라고 하였다. 나의 친구인 덕송(德松)거사는 집에 와서 펴보니 중국어로 된 책이라 볼 수 없어 나에게 도움이 될 것 같아서 내 토굴에 놀러왔을 때 가지고 왔다.

책을 보니 광흠 노스님 법어집이라 매우 반가웠으며, 틈틈이 읽어보았다. 인연이 성숙하여 코로나19바이러스로 인해 절에서 법회를 열기가 어려워지자, 한 달에 한 번씩 염불법회를 열던 분들이 인터넷 법회를 매일 열게 되었다. 그 법회에서 매주 일요일 저에게 강의를 요청하였는데, 무엇을 가지고 할까 고민하다가 광흠 노스님 법어집 "한매(寒梅)"가 생각났다. 염불수행으로 염불삼매를 얻고 도를 깨치신 광흠 노스님의 법문을 우리의 인터넷 염불법회에서 강의하면 딱 좋을 것 같았다. 그리하여 매주 강의할 부분을 조금씩 번역하기 시작하였으며, 그것이 모여 책한 권을 다 번역하게 되었다. 이 책을 염불수행을 하는 불자에게 큰 도움이 될 뿐만 아니라, 다른 수행을 하는 불자에게도 많은 도움이 될 것이라 믿는다.

이제 이 책이 출간되려고 하니, 이 책을 번역하게 된 여러 인연들이 생각나 적어 보았다. 광흠 노스님의 많은 법문 중에서 주제별로 간추려 맞게 잘 배열하느라 수고하신 대만의 고뇌승(苦惱僧)께 진심으로 감사하며, 이 책이 저의 손에 들어오게 하신 견성암의 운여(雲如) 비구니스님과 덕송거사, 그리고 인터넷 법회(정수법당)를 열기까지 수고한 여러 회원들에게 감사드린다.

또한 이 책을 출간할 수 있게 한 도서출판 비움과소통의 김성우 대표님과 관계자 여러분에게도 감사하며, 이 책을 통하여 염불수행을 하시는

　모든 분과 일반의 모든 불자들이 믿음을 일으키
고 정견(正見)을 갖추는데 도움이 되길 바란다.

2022년 9월 중추절에
보월초암(寶月草庵)에서 각산 정원규

출판 자금을 내거나
독송·수지하는 사람과
여러 사람 여러 장소에
유통시키는 사람들을 위해
두루 회향하는 게송

경을 인쇄한 공덕과 수승한 행과

가없는 수승한 복을 모두 회향하옵나니,

원하옵건대 전생 현생의 업이 다 소멸되고,

업과 미혹이 사라지고 선근이 증장되며,

현생의 권속이 안락하고, 선망 조상들이 극락왕생하며,

시방찰토 미진수 법계, 공존공영하고 화해원만하며,

비바람이 항상 순조롭게 불고 세계가 모두 화평하며,

일체 재난이 없어지고 사람들이 건강 평안하며,

일체 법계 중생들이 함께 정토에 왕생하게 하소서.

경문을 쓰고 배우며 독송 수지하면
생각마다 부처님을 친견하게 되므로
공덕은 헤아리기 어렵다.
화엄경에 이르길, "모든 공양 중에 법공양이
제일이니라(諸供養中 法供養最)"라고 하였다.
-반주삼매경 심요

염불삼매 (광흠 노스님 법어)
1판 1쇄 펴낸 날 2022년 9월 23일

옮긴이 각산 정원규
발행인 김재경 **편집** 허서 **디자인** 김성우 **마케팅** 권태형 **제작** 현주프린팅
펴낸곳 도서출판 비움과소통
　　　서울 금천구 가산디지털2로 43-14 한화비즈2차 7층 702호
　　　전화 010-6790-0856 팩스 0505-115-2068
　　　이메일 buddhapia5@daum.net

＊ 경전을 수지독경하거나 사경하거나 해설하거나 유포하는 법보시는
　한 사람의 붓다를 낳는 가장 위대한 공덕이 되는 불사입니다.
＊ 전법을 위한 법보시용 불서는 저렴하게 보급 또는 제작해 드립니다.
　다량 주문시에는 표지·본문 등에 원하시는 문구(文句)를 넣어드립니다.